SINTRA 6

Romantik pur: prunkvolle Königssäle im Stadtpalast, dazu oben im Gebirge die Maurenburg und der kunterbunte Palácio da Pena

📷 *Tipp: Von der Cruz Alta im Parque da Pena liegen dir Sintra-Gebirge, Pena-Palast und die Küste zu Füßen*

➤ S. 90, Lissabon & Umgebung

ÓBIDOS 7

Ein Mittelalterdorf wie aus dem Märchenbuch – inklusive perfekter Stadtmauer und mächtiger Burg

📷 *Tipp: Abends lässt sich die malerische Idylle in den schmalen Gassen am besten einfangen*

➤ S. 78, Zentralportugal

CONVENTO DE CRISTO IN TOMAR 9

Die Burg der mysteriösen Christusritter: phänomenale Baukunst hoch auf dem Hügel

➤ S. 74, Zentralportugal

ÉVORA 8

Herrliche Bogengänge, kleine Gassen, zahlreiche Monumente und deftiges Essen: Die einstige Römerstadt ist die Perle des Alentejo

➤ S. 98, Alentejo & Costa Azul

MOSTEIRO DOS JERÓNIMOS IN LISSABON 10

Ein Kloster wie aus Zuckerguss – und mit berühmten Grabmälern wie zum Beispiel des Seefahrers Vasco da Gama

➤ S. 86, Lissabon & Umgebung

INHALT

NORDPORTUGAL
ZENTRALPORTUGAL
LISSABON & UMGEBUNG
ALENTEJO & COSTA AZUL
ALGARVE

⏲	Besuch planen	🍴	Essen/Trinken
€-€€€	Preiskategorien	🧺	Shoppen
(*)	Kostenpflichtige Telefonnummer	🍸	Ausgehen
		🏖	Top-Strände

(🗺 A2) Herausnehmbare Faltkarte
(🗺 a2) Zusatzkarte auf der Faltkarte
(🗺 0) Außerhalb des Faltkartenausschnitts

BESSER PLANEN MEHR ERLEBEN!

Digitale Extras
go.marcopolo.de/app/por

DAS BESTE ZUERST

So eine Art Elbphilharmonie des 16. Jhs.: Mosteiro dos Jerónimos in Lissabon

BEST OF BEI REGEN

SCHÖN, AUCH WENN ES REGNET

GROTTENGUT
Was gibt es bei Regenwetter Besseres als eine Höhle? Die *Grutas de Mira de Aire* bei Fátima sind für viele die schönsten im Land. Tropfsteine und Galerien sind punktgenau ausgeleuchtet.
➤ S. 72, Zentralportugal

ABTAUCHEN
Und der Haifisch, der hat Zähne ... und die siehst du durch die Glasfronten im *Oceanário* auf dem ehemaligen Expogelände in Lissabon ganz genau. Es ist hervorragend konzipiert und bringt dir maritime Lebensräume aus Tropen, Nordatlantik und Antarktis näher.
➤ S. 88, Lissabon & Umgebung

KLANGWELTEN
Gewagte Architektur und eine perfekte Akustik vereinen sich in der *Casa da Música* in Porto. Konzerte steigen im Haupt- und Nebensaal – und das mitunter zu günstigem Preis.
➤ S. 45, Nordportugal

FISCH OHNE ENDE
Wer Fisch mag, wird die *Markthallen in Olhão* lieben. An reich ausgestatteten Ständen liegen Sardinen, Thunfisch und Krustentiere aus.
➤ S. 123, Algarve

KATHEDRALEN DES FLÜSSIGEN GOLDES
Keine Reise in den Norden wäre komplett ohne den Besuch einer Portweinkellerei. Nach dem Streifzug durch die Keller, in denen bauchige Eichenholzfässer voller edler Tropfen lagern, trinkst du dir bei der Kostprobe in der Kellerei *Graham's* das Wetter schön (Foto).
➤ S. 44, Nordportugal

UNTER SCHWÄNEN UND ELSTERN
Im *Palácio Nacional de Sintra* richteten sich Portugals Royals einst königlich ein und sparten nicht am Dekor, wie die mit Schwanen- und Elsternmotiven verzierten Säle zeigen.
➤ S. 91, Lissabon & Umgebung

BEST OF LOW-BUDGET

FÜR DEN KLEINEN GELDBEUTEL

EIN LICHT IM DUNKELN

Mittwochnachmittags dürfen Portugals Leuchttürme besichtigt werden: Die Wärter öffnen dann die sonst verschlossenen Türen und führen durch die Anlagen, z. B. den *Leuchtturm am Cabo Espichel* bei Sesimbra.

➤ S. 104, Alentejo & Costa Azul

HINTER MAUERN

Blickfang von Bragança ist die wuchtige *Cidadela* auf einem Hügel. Da sich innerhalb der Burgmauer auch Wohnhäuser befinden, ist der Zugang jederzeit frei.

➤ S. 52, Nordportugal

FLOWER-POWER IN SINTRA

Sintras Paläste und Parks sind nicht billig – doch dieser ist umsonst! Über die von Blumenbeeten und Wasserläufen gesäumten Wege der *Villa Sassetti* kannst du prima hinauf zum Pena-Palast wandern.

➤ S. 91, Lissabon & Umgebung

UNESCO-WELTERBE IM DREIERPACK

Wenn du dir die drei Klöster Alcobaça, Batalha und Tomar anschauen möchtest, kauf ein Kombiticket: Für 15 Euro gibts Gotik, Manuelinik und jahrhundertealte Kreuzgänge satt!

MINI-STONEHENGE

Menir und *Cromeleque dos Almendres:* Der 4 m hohe Hünenstein und einer der größten Steinkreise auf der Iberischen Halbinsel sind faszinierende – und frei zugängliche – Zeugen der Vorgeschichte (Foto).

➤ S. 100, Alentejo & Costa Azul

TOTENSTILLE

Auf dem *Cemitério dos Prazeres* in Lissabon erwarten dich gruselige Familiengrüfte und kreativ designte Ruhestätten unter riesigen Zypressen – einer der spannendsten Stadtfriedhöfe Europas!

➤ S. 86, Lissabon & Umgebung

BEST OF

MIT KINDERN

SPANNENDES FÜR GROSS & KLEIN

SCHIFF AHOI

Das einstige Hospitalschiff *Gil Eannes* ging in den 1970er-Jahren zuletzt auf große Fahrt; jetzt können große und kleine Besucher in dem schwimmenden Museum in Viana do Castelo die Brücke, die Decks, die Kajüten, die Kombüse und den OP-Saal erkunden.

➤ S. 50, Nordportugal

DINOS BESUCHEN

Dass in der Gegend um Lourinhã einst Dinosaurier zu Hause waren, steht außer Frage – es wurden reichlich Knochen gefunden! Im spannenden *Dino Parque* kannst du dir die Tiere (und die Knochen) mal genauer anschauen – willkommen im portugiesischen Jurassic Park (Foto)!

➤ S. 78, Zentralportugal

PORTUGAL EN MINIATURE

Traditionelle Häuser, Plätze, typische Monumente: Im Freizeitpark *Portugal dos Pequenitos* in Coimbra kann man sich Portugal und seine einstigen Kolonien im Kleinformat anschauen und so manche spannende Geschichte aus der Vergangenheit erfahren.

➤ S. 66, Zentralportugal

RASANTE RUTSCHPARTIE

Badehose fest zubinden, stabilen Bikini anziehen und ab gehts! Im *Slide & Splash,* dem größten Rutschenparadies der Algarve, kann man sich auf unzähligen Wasserrutschen austoben – für jedes Alter ein Heidenspaß!

➤ S. 118, Algarve

EIN TAG IM ZOO

Wie wärs mit einem Besuch bei den Lemuren, die mit ihren riesigen Augen und langen Schwänzen so lustig aussehen? Im *Zoo de Lagos* leben exotische Tiere, Vögel und Affen, aber auch heimische Ziegen und Schafe. Im Streichelzoo dürfen die Kleinen auf Tuchfühlung gehen.

➤ S. 113, Algarve

BEST OF

TYPISCH

DAS ERLEBST DU NUR HIER

BURGENLAND

Es ist erstaunlich, was für eine riesige Anzahl an Burgen sich über das ganze Land verteilt. Ein Highlight ist der *Convento de Cristo,* die Christusritterburg hoch über Tomar. Erkunde die hinter den hohen Mauern liegenden Kreuzgänge, Gärten und versteckten Winkel!

➤ S. 74, Zentralportugal

WILDES NATURKINO

Erleb am *Cabo da Roca* die raue Seite des Landes: wilde und ungezähmte Natur mit Steilfelsen, peitschenden Winden und donnerndem Wellenschlag. Hier ist Europa zu Ende.

➤ S. 90, Lissabon & Umgebung

FLIESENKUNST

Die Mauren brachten einst die unverwechselbare Fliesenkunst ins Land – und noch immer schmücken Azulejos Paläste, Wände und Kirchen. Ein wahres Prachtbeispiel ist die *Igreja São Lourenço dos Matos* bei Almancil, in der die Fliesen blau-weiße Storys vom hl. Laurentius erzählen (Foto).

➤ S. 121, Algarve

ES DUFTET NACH SARDINEN

So riecht der portugiesische Sommer! Überall im Land werden vor den Häusern, in den Gassen und auf den Plätzen *sardinhas* gegrillt. Und Sardinenzeit, das bedeutet auch *festas populares:* Wenn im Juni die Volksheiligen António, Pedro und João gefeiert werden, stehen bei ihren jeweiligen Stadtfesten vor allem Lissabon und Porto kopf.

TRAUMSTRÄNDE

Dank Klima und Stränden hat die Algarve den Ruf einer überdimensionalen Sonnenbank. Eine versteckte Bucht, die man über eine steile Treppe erreicht, ist die *Praia do Beliche* bei Sagres.

➤ S. 114, Algarve

SO TICKT PORTUGAL

Ach wie herzig: Festa de Santo António – Juni ist *der* Festmonat in Lissabon

ENTDECKE PORTUGAL

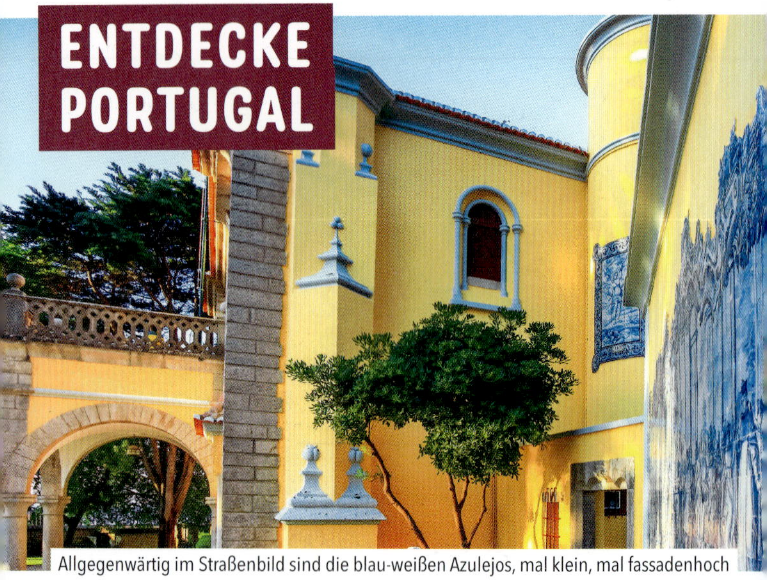

Allgegenwärtig im Straßenbild sind die blau-weißen Azulejos, mal klein, mal fassadenhoch

Portugal begeistert, elektrisiert, versetzt in Erstaunen, klingt nach Fado und Festivals, schmeckt nach salziger Meeresluft, nach dem erfrischenden *vinho verde* und sattreifem Portwein. Atemraubende Klippen und Strände wechseln sich mit einsamen Gebirgen ab, pulsierende Städte mit abgeschiedenen Dörfern, prachtvolle Paläste mit zinnenbesetzten Bilderbuchburgen.

Portugal? Ach, das kleine Land am Ende Europas hat man doch in einer Woche gesehen ... Von wegen! Portugal hat schon so manchen Reisenden ziemlich überrascht. So viele verschiedene und phantastische Landschaften auf so kleinem Raum, so herzliche Menschen in so unterschiedlichen Regionen, so viele tolle und manchmal sogar noch erstaunlich einsame Strände, so gute Weine und so herz-

- **3. Jh. v. Chr.–5. Jh. n. Chr.** Herrschaft der Römer
- **8.–13. Jh.** Teile Portugals in maurischer Hand
- **1139** Afonso Henriques wird erster König
- **ab 1415** Prinz Heinrich der Seefahrer fördert Entdeckungsfahrten
- **15./16. Jh.** Portugal wird See- und Kolonialmacht
- **1580–1640** Spanische Herrschaft
- **1755** Verheerendes Erdbeben in Lissabon und Südportugal

haftes Essen – das hättest du vielleicht nicht erwartet. Kein Wunder, dass hier schon der ein oder andere Urlauber auf Dauer hängen geblieben ist.

IM MEERESRAUSCH

Am faszinierendsten für Mitteleuropäer ist wohl die Anziehungskraft des Ozeans. Schon der Anblick der Küste aus dem Flugzeug lässt das Herz höher schlagen – und wenn du dann feststellst, dass du sowohl von Lissabon als auch von Porto aus in einer halben Stunde am Meer bist, hast du dich wahrscheinlich schon verliebt. Dieser Atlantik, der Portugal nach Westen und Süden hin umarmt, die hellsandigen Strände, die von wilden Felsen umrahmten Buchten, die rauen Klippen – wer kann da widerstehen? Da verzeiht man dem Meer gern, dass es selbst im Sommer ganz schön frisch ist; und wer – wie inzwischen viele Portugiesen – das Surfen für sich entdeckt, wird auf Portugals Atlantikwellen sogar im Winter glücklich.

WEITE EBENEN UND GRÜNE HÜGEL

Du liebst ländliche Idylle, geschichtsträchtige Burgdörfer und ursprüngliche Berglandschaften? Dann ab ins Hinterland! Die endlosen Weiten des Alentejo, in denen zwischen all den Korkeichen und Olivenbäumen erstaunlich wenige, aber dafür besonders tiefenentspannte Menschen leben, kontrastieren mit den grünen Hügel- und Flusslandschaften im Norden und Zentrum des Landes. Egal wo – in den Dörfern wirst du freundlich begrüßt. Jede Abwechslung ist willkommen, häufig treffen sich auf den Dorfplätzen nur noch die Alten zum Plausch.

- **1910** Sturz von Portugals letztem König, Ausrufung der Republik
- **1928–1974** Militärdiktatur („Estado Novo") unter den Ministerpräsidenten Salazar und Caetano
- **1974** Nelkenrevolution, Ende der Militärherrschaft
- **1986** Beitritt zur Europäischen Gemeinschaft
- **2017** Schwere Waldbrände mit über 100 Toten in Zentralportugal
- **2022** Langsame Erholung des Tourismus nach der Coronapandemie

INSIDER-TIPP
Herzhafte Riesen-portionen

Fernab der Küsten findest du das authentischste Portugal, die deftigsten (und günstigsten) Gerichte in rustikalen Landgasthäusern, die phantastischsten Unterkünfte in historischen Gemäuern, die schönsten Flussbadestellen und das höchste Gebirge. Allerdings auch so manches Drama, denn die Landflucht hat nicht nur Dörfer ausgedünnt, sondern auch für krasse Veränderungen in der Landnutzung gesorgt: Wo einst Hirten Schafe und Ziegen hüteten, stehen jetzt Eukalyptusbäume und Pinien in riesigen Plantagen. Wenn diese Monokulturen in den heißen und trockenen Sommern Feuer fangen, gibt es regelrechte Waldbrandkatastrophen – eindeutig eine der Schattenseiten des einsamen Hinterlands.

MILDES MARITIMES KLIMA

Wenn es nicht gerade in Strömen regnet (und das muss es im Winter auch mal, sonst wäre Portugal nicht so grün und hätten die Stauseen nicht genug Wasser), kannst du dein Frühstück fast ganzjährig auf der Terrasse einnehmen – vor allem natürlich an der milden Algarveküste. Oftmals ist es im Winter draußen sogar wärmer als in den zentralheizungsfreien Häusern, wie schon so mancher Auswanderer schmerzlich erfahren musste. Schnee fällt hingegen nur in den höheren Gebirgen und auch mit Frost musst du in Küstennähe niemals rechnen. Im Sommer hält man´s meistens ziemlich gut aus, in Meernähe weht häufig eine sanfte Brise, nur im Hinterland kann es dann brüllend heiß werden. Besonders schön sind die Frühlingsmonate, wenn es überall grünt und blüht und wenn im Juni die Jakarandabäume viele Städte in ein knalliges Lila tauchen. Hauptreisesaison ist natürlich der Sommer, dabei haben viele Ecken auch im Winter ihren Reiz: Die Städte Lissabon und Porto sind dank des Tourismusbooms inzwischen so gut besucht (fast ein bisschen zu gut), dass es sich wirklich lohnt, mal über einen Besuch in der milden und entspannten Nebensaison nachzudenken.

FUSSBALL, FADO, FÁTIMA

So schnell lassen sich die Portugiesen nicht aus der Ruhe bringen. Am ehesten noch, wenn Benfica Lissabon oder der FC Porto ein wichtiges Fußballspiel verloren hat. Die im 20. Jh. während der Salazar-Diktatur als Opium fürs Volk gehandelten „drei Fs" – Fußball, Fado, Fátima – spielen im Alltag der Portugiesen noch immer eine wichtige Rolle: Jede Nachrichtensendung bringt als Erstes die wichtigsten Fußballnews, die melancholische Fadomusik spricht vielen Portugiesen aus der Seele und eine tiefe Religiosität zieht alljährlich unzählige Pilger nach Fátima und auf die Patronatsfeste rund um die Dorfkirchen. Trotz der stolzen Erinnerung an die einstige Bedeutung als Seefahrernation und der herrlich altmodischen Straßenbahnen ist das Land in der Zukunft angekommen: Die Wirtschaftskrise der vergangenen Jahre hat die Portugiesen erfinderisch gemacht, das beweist schon die riesige Start-up-Szene, aber auch so manches spannende Tourismusprojekt. Lass dich überraschen vom kleinen Land am Ende Europas!

AUF EINEN BLICK

10.345.000
Einwohner

Baden-Württemberg: 11.100.000

3.000
Sonnenstunden an der Algarve pro Jahr

Freiburg im Breisgau: 1.700

1000 km
Küstenlänge (ohne Inseln)

Küstenlänge deutsche Ostsee (ohne Inseln und Bodden): 700 km

92.345 km²
Fläche

Österreich: 83.883 km²

HÖCHSTER GIPFEL

1.993 m

Torre in der Serra da Estrela

WÄRMSTER MONAT

AUGUST
29°C

Durchschnittstemperatur in Lissabon

TEUERSTER PORTUGIESE

CRISTIANO RONALDO

2018 für 112 Mio. Euro an Juventus Turin

REICHWEITE DES LEUCHTTURMS AM CABO DE SÃO VICENTE:

32 SEEMEILEN

Leuchtturm Helgoland: 28 Seemeilen

DOUROTAL

Ältestes offizielles Weinanbaugebiet (1756 vom Marquês de Pombal markiert)

GRÖSSTE STADT

546.000 Ew. (Lissabon)

Großraum: 3 Mio. Ew.

HÖCHSTE SURFBARE WELLE DER WELT

Praia do Norte, Nazaré

PORTUGAL VERSTEHEN

IMMER AN DER WAND LANG

Das wäre wohl ein passendes Motto für Stadtspaziergänge in Portugal. Kaum eine Kirche, ein Palast, eine Metrostation, in der sie nicht die Wände verzieren: Azulejos – die Keramikfliesen gehören überall im Land zur Bautradition. Ein spektakulär schönes Fliesenkunstwerk siehst du in der Igreja de São Lourenço in Almancil an der Algarve, aber auch an unzähligen Fassaden in Porto. Die meisten der heute bewunderten Fliesenwände stammen aus dem 18. und 19. Jh. Das Handwerk ist jedoch viel älter: Es wurde schon von den Mauren eingeführt – das Wort Azulejo stammt aus dem Arabischen *(al-zulij)* und bedeutet kleiner Stein. Azulejos sind mehr als einfach nur hübsche Dekoration: Die häufig blau-weiß, manchmal auch ganz farbenfroh bemalten Fliesen eignen sich hervorragend als Hitze- und Witterungsschutz an den Mauern. Auch als Werbetafeln für Geschäfte und Restaurants halten sie her – und sind bunte Begleiter durch das ganze Land.

GEFIEDERT UND GESCHUPPT

Portugals Tierwelt bietet zu Land nicht allzu Spektakuläres, abgesehen von den Iberischen Wölfen im Parque Natural de Montesinho ganz im Nordosten und den Pardelluchsen in ihren Schutzgebieten. Schaust du jedoch in den Himmel oder ins Meer, finden sich doch ein paar spannende Tierarten: Beeindruckend sind zum Beispiel die Weißstörche, die gefühlt auf allen verfügbaren Hochspannungsmasten und Kirchen im südlichen Teil des Lands nisten. In den küstennahen Lagunengebieten und den Flussdeltas kannst du Reiher, Kormorane, Stelzenläufer, Fischadler und manchmal sogar Rosaflamingos beobachten. Für Begeisterung sorgen immer wieder die Großen Tümmler, die im Delta des Rio Sado bei Setúbal leben, und die Delphine, die vor der westlichen Algarveküste um die Dolphin-Watching-Boote springen. Und wem der Atlantik nicht zu kalt ist: Beim Schnorcheln und vor allem beim Tauchen schwimmen dir immer wieder zahlreiche Meeresbewohner vor die Maske, von kleinen Sardinen bis zu großen Barschen.

TOLLES AUS TRAUBEN

Für echte Weinkenner ist es keine Neuigkeit, für viele Portugalbesucher jedoch eine unerwartete Überraschung: Hier kann man hervorragend Wein trinken, am besten jeden Abend einen anderen! Experimentierfreudige Winzer, facettenreiche Rebsorten und über zwei Dutzend Gebiete mit geschützter Herkunftsbezeichnung sorgen für eine wundervolle Auswahl an wirklich guten Weinen – und das zu meist moderaten Preisen. Besuch mal eine *quinta* im Dourotal, wo auf Schieferböden die Trauben für den edlen Portwein wachsen, und probier dich durch die Rubys, Tawnys und Vintage-Portweine. Oder lass dir im Alentejo auf einem Weingut zeigen, wie die trocke-

Weinlese im Land des *vinho verde:* das grüne Minhotal in Nordportugal

nen Weiß- und Rotweine entstehen – und schmecken! Eine portugiesische Besonderheit sind die „grünen Weine": Der *vinho verde* wächst nur im hohen Norden und wird so jung gelesen, dass er noch grün hinter den Ohren ist. Diese kühl servierten, perlenden Sommerweine passen nicht nur gut zu Fisch und Meeresfrüchten, sondern auch zu einem kitschigen Sonnenuntergang am Meer.

ES GRÜNT, BLÜHT – UND BRENNT

Je nach Region und Jahreszeit erlebst du in Portugal die Natur in ihrer ganzen Pracht: An den Küsten, vor allem entlang der Costa Vicentina und der Alentejoküste im Südwesten, erstrahlt im Frühjahr ein Blütenmeer aus Zistrosen, Ginster, Schopflavendel, knallrotem Klatschmohn und wilden Artischocken, während du beim Wandern in Küstengebirgen wie der Serra de Monchique ständig auf wilden Rosmarin und Thymian trittst. Duftende Pinien- und Eukalyptuswälder sorgen überall im Land für etwas Schatten. Im trockenen Sommer sieht das Ganze dann schon anders aus: Nun blüht es meist nur noch dort, wo auch gewässert wird, und wenn in den Eukalyptushainen Waldbrände wüten, findet niemand mehr ein positives Wort über diese durstigen Bäume. Mehr als ein Viertel des portugiesischen Walds besteht aus schnell wachsenden Eukalyptusbäumen, die einst als Rohstoff für die Papierindustrie aus Australien eingeführt wurden und im Fall eines Feuers wie Zunder brennen. Eichen, Kastanien und Korkeichen sind viel besser für das portugiesische Klima geeignet und werden hoffentlich zukünftig wieder mehr gepflanzt. Sehr beliebt ist der Erdbeerbaum, aus dessen Früchten vor allem an der Algarve der Schnaps *medronho* gebrannt wird.

MANUELS SCHNÖRKELEIEN

Wunderst du dich, warum so viele Kirchen mit Schiffstauen oder nautischen Gerätschaften verziert sind? Diese Steinmetzkunst verdankt Portugal König Manuel I., dem „Glücklichen": In seiner Regierungszeit (1495–1521) erlebte das bis dahin kleine, unbedeutende Land dank der erfolgreichen Entdeckungs- und Eroberungsfahrten Vasco da Gamas und anderer Seefahrer die Hochphase seines Weltruhms und Wohlstands. Manuel ließ mit den Reichtümern, die er durch die Vorherrschaft auf See und die Geschäfte auf der Gewürzroute anhäufte, überall im Land prachtvolle Klöster, Kirchen, Türme und Paläste bauen, die mit filigranen maritimen Ornamenten verziert wurden. Schau dir das Hieronymuskloster und den Turm von Belém in Lissabon mal genauer an: Sie sind über und über mit exotischen Pflanzen, Korallen und Schiffstauen verziert. Auf unverwechselbare Weise setzte die Manuelinik mit dieser spätgotischen Dekorationstechnik den glorreichen Seefahrerzeiten ein Denkmal.

DIE SPUREN DER MAUREN

Zitrus-, Johannisbrot- und Mandelbäume, effiziente Bewässerungssysteme

„Manuels Map": die Welt zu Zeiten König Manuels am Entdeckerdenkmal in Lissabon

und Fischfangmethoden, regen Handel mit anderen Völkern, religiöse Toleranz und ganz viel Kultur: Die Mauren haben während ihrer Herrschaft, die 711 begann und in Portugal stellenweise bis Mitte des 13. Jhs. andauerte, so einiges auf der Iberischen Halbinsel eingeführt. Geblieben ist außer zahlreichen Ortsnamen – nämlich allen, die mit „Al", „Az" und „Gua" beginnen –, ein paar (inzwischen oft allzu perfekt restaurierten) Burgmauern wie in Lissabon oder Sintra und einigen archäologischen Funden nicht allzu viel. Eine Alhambra wie in Granada suchst du in Portugal vergebens: Zu Zeiten der portugiesischen Reconquista war noch tiefes Mittelalter, die christlichen Rückeroberer hatten wenig Erbarmen mit den baulichen Hinterlassenschaften der Mauren. Deshalb wurden z. B. alle Moscheen mit Kirchen überbaut. Den Rest zerstörte in vielen Fällen das schwere Erdbeben von 1755. Die meisten Spuren findet man noch in der ehemaligen Hauptstadt der Mauren: in Silves an der Algarve, das damals noch Xelb hieß, oder im hübschen Städtchen Mértola im Alentejo – hier sind noch die besten Burganlagen erhalten.

DIE GROSSEN DREI

Um diesen Dichter kommst du nicht herum: Auch wenn du vielleicht aus seinen manchmal etwas sehr tiefgründigen oder sogar wirren Texten nicht immer schlau wirst, Fernando Pessoa ziert mit seiner Brille und seinem Schnurrbart jedes zweite Souvenir, vor allem in seiner Heimatstadt Lissabon. Hier sitzt er auch als Bronzefigur vor

KLISCHEE KISTE

DIE LIEBEN NACHBARN

Portugiesisch und Spanisch: Das ist doch fast dasselbe? Denkste! Wenn du Portugiesen mit deinen Spanischkenntnissen beglücken willst, werden viele eher die Nase rümpfen, als freudig *gracias!* rufen – man wird eben ungern als Spanier behandelt. Das hat vor allem historische Gründe, denn Portugal (das übrigens viel älter ist als Spanien!) wurde mal 60 Jahre lang fremdregiert von spanischen Königen. Verstehen können die Portugiesen die Nachbarsprache übrigens ganz gut, doch wenn's ums Sprechen geht, ist ihnen Englisch lieber.

TRAUERGESÄNGE?

Oh, da ist aber jemand traurig! Auch wenn du die Texte nicht verstehst, der Fado klingt ganz schön melancholisch. Es geht oft um das urportugiesische Gefühl der *saudade:* eine Mischung aus Sehnsucht, Herzschmerz und Heimweh. Der Fado spricht – bzw. singt – den Portugiesen aus der Seele, sie können sich bestens identifizieren mit den schwermütigen Klängen, die von den schwarz gekleideten *fadistas* ins Lokal geschmettert werden. Doch Achtung: Es gibt tatsächlich auch zahlreiche fröhliche Fados, zu denen man hüpfen und lachen statt nur ins Rotweinglas starren mag!

Fernando Pessoa ist allgegenwärtig – etwa vor dem A Brasileira in Lissabon

dem Café A Brasileira. Von diesem Ruhm hat er zu Lebzeiten wenig gehabt, er starb 1935 mit nur 47 Jahren an Leberzirrhose. In seinem Haus fand man eine Truhe mit 24 000 dichterischen Fragmenten; viele davon hat er mit einer seiner „Parallelidentitäten" verfasst – er litt wohl auch an Schizophrenie. Nicht weniger verehrt wird Portugals Nationaldichter Luis Vaz de Camões, der mit seinem Heldenepos „Os Lusíadas", einem Lobgesang auf die portugiesischen Entdeckungsfahrten, ebenfalls erst nach seinem Tod 1580 berühmt wurde. Als bisher einziger Portugiese gewann José Saramago (1922–2010) den Literaturnobelpreis für seine Werke, in denen er nicht selten äußerst kritisch mit den sozialen Missständen seiner Heimat ins Gericht ging.

OHHH MARIA, MARIA!

Was wäre Portugal ohne die Muttergottes? Es wäre um unzählige Kirchen und Klöster ärmer, der Papst hätte keinen Grund für seine Besuche und es gäbe – um Gottes willen! – viel weniger Feiertage. Portugal ist ein katholisches Land und auch wenn nicht alle Portugiesen jeden Sonntag in die Kirche gehen, spätestens zum alljährlichen, inbrünstig gefeierten Kapellenfest oder zu den Wallfahrten nach Fátima werden doch viele aktiv. Ja, Fátima – einer der wichtigsten Marienwallfahrtsorte der Welt, lässt auch Nichtgläubige staunen. Hier soll die Muttergottes am 13. Mai 1917 drei Hirtenkindern erschienen sein und der Kult nahm seinen Lauf. Portugals Kathedralen sind der Santa Maria geweiht, die schönsten Klöster wurden der Gottesmutter gestiftet und eigentlich heißt hier sowieso jede Frau Maria. So mancher Ehemann fragt nicht „Wo ist denn meine Frau?", sondern „Wo ist denn meine Maria?", auch wenn die Gattin zufällig nicht Maria heißt.

HIER KORKTS GEWALTIG!

In Portugal wirst du wohl kaum eine Weinflasche finden, die nicht mit einem echten Korken verschlossen ist, und in jedem Souvenirshop begegnen dir Korkprodukte aller Art, von Taschen und Etuis über Hüte und Krawatten bis hin zu Schuhen und Regenschirmen. Um zu sehen, wo dieses tolle (vegane!) Naturprodukt wächst, das sogar wasserdicht und feuerresistent ist, fährst du am besten quer durch den Alentejo oder streifst durch einen Korkeichenwald. Die teilweise uralten, wunderschönen Bäume stoßen permanent ihre abgestorbenen Zellen ab; alle neun Jahre kann wieder eine Schicht geerntet werden. Um den Überblick zu behalten, wann es so weit ist, schreibt man die letzte Ziffer des Erntejahrs auf den Stamm. Tja, man braucht also Geduld, wenn man mit Korkeichen Geld verdienen möchte. Portugal ist der weltgrößte Produzent. Die meisten Fabriken befinden sich inzwischen in der Nähe von Lissabon, doch in São Brás de Alportel an der Algarve kannst du dir die Verarbeitungsprozesse bei einer Fabrikbesichtigung zeigen lassen.

SIE KRIEGTEN DIE KRISE

Zusammenbruch der Bauwirtschaft, Steuererhöhungen, Gelder aus dem Rettungsfonds der EU, soziale Einschnitte – Portugal hat in jüngster Vergangenheit schwere Krisen durchgemacht, die trotz inzwischen leichter Verbesserungen noch immer spürbar nachwirken. Der Lebensstandard ist für weite Teile der Bevölkerung gesunken und verlangt Genügsamkeit. Jobs sind selten sicher, vor allem nicht im Saisongeschäft der Tourismusbranche, und von Erhöhungen der für europäische Verhältnisse erbärmlich niedrigen Gehälter kann man trotz der wachsenden Start-up-Szene nur träumen. Hinzu kommen die – auch „dank" des Touristenbooms – absurd gestiegenen Mieten in den Großstädten und im Süden; renovierte Wohnungen werden eben gewinnbringender an zahlungskräftige Urlauber als an junge portugiesische Familien vermietet. Viele Menschen sind dazu gezwungen, (Über-)Lebenskünstler zu sein – doch daran haben sich die Portugiesen im Lauf ihrer Geschichte gewöhnt.

Rohstoff Rinde: frisch geschälte Korkeiche

ESSEN SHOPPEN SPORT

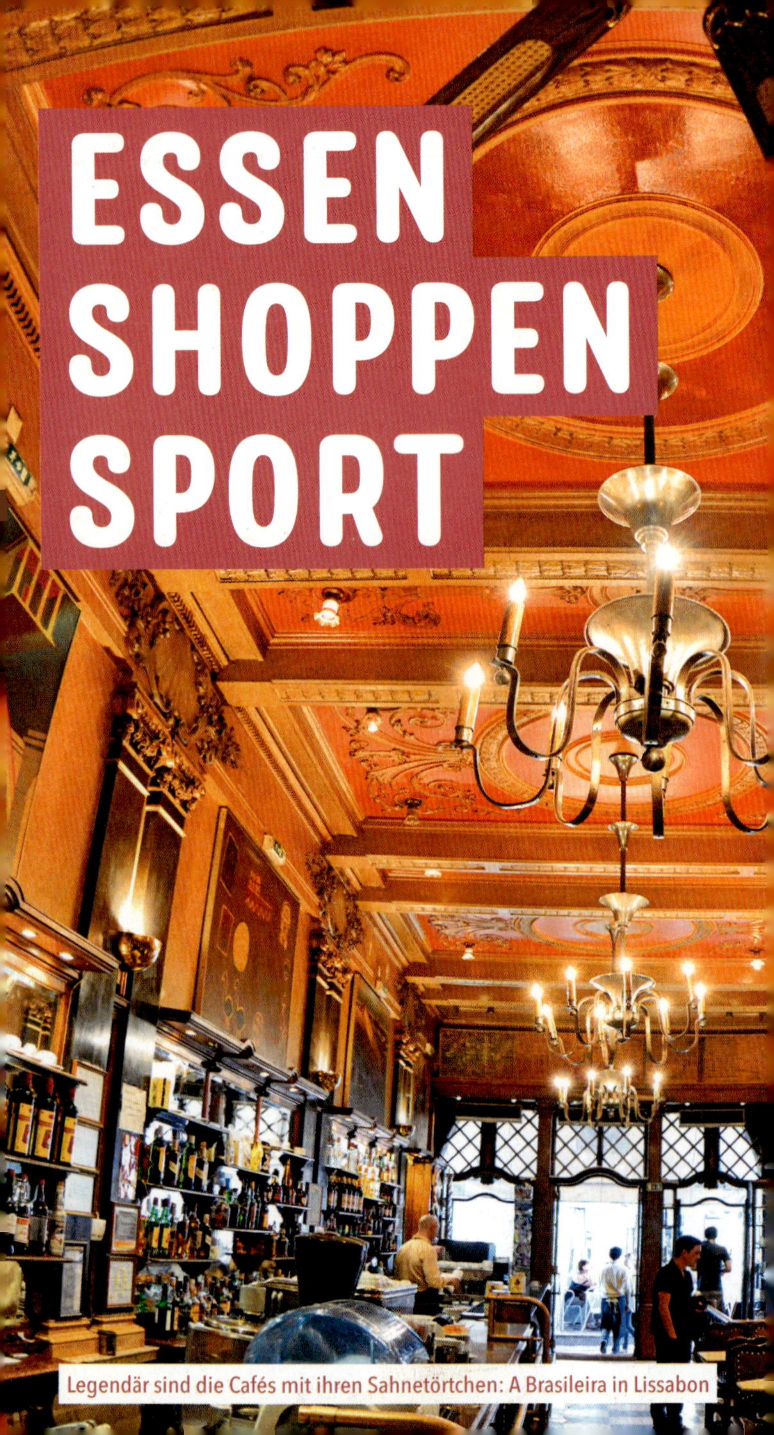

Legendär sind die Cafés mit ihren Sahnetörtchen: A Brasileira in Lissabon

ESSEN & TRINKEN

Abgesehen vom sparsamen Frühstück *(pequeno-almoço)* nimmt man sich reichlich Zeit zum Essen. Schnell ein belegtes Brot am Arbeitsplatz? Unmöglich! Ein ordentliches Mittagessen *(almoço),* bei dem man mit dem günstigen Tagesgericht *(prato do dia*) nichts falsch macht, ist fast so wichtig wie das üppige, selten vor 20 Uhr eingenommene Abendessen *(jantar).* Getrenntes Zahlen ist unüblich, man teilt entweder im Nachhinein oder revanchiert sich beim nächsten Mal. Wer dennoch getrennt zahlen möchte, teilt das beim Bestellen der Rechnung mit *(a conta em separado, se faz favor).* Viele Restaurants haben einen wöchentlichen Ruhetag (häufig sonntags), im Süden schließen manche über den Winter, öffnen dafür im Sommer aber täglich.

VORSPEISE ODER VOR-VORSPEISE?

Kaum hingesetzt, stellt dir der Kellner schon einen Brotkorb mit Butter und Oliven hin; manchmal werden auch gleich Teller mit Käse, Schinken oder gar Garnelen aufgetischt. Wer diese (manchmal recht teuren) Vor-Vorspeisen namens *couvert* (Gedeck) nicht möchte, lässt sie einfach mit einem Lächeln zurückgehen.

Die üblichste Vorspeise ist eine klassische Suppe. Oft stellt eine *sopa de legumes* die einzige Möglichkeit dar, an eine größere Menge Gemüse zu kommen. In feineren Lokalen gibt es natürlich auch ganz ausgefeilte Vorspeisen, vom Thunfischcarpaccio bis zum Rote-Beete-Cocktail. In einer *cervejaria* oder *marisqueira* werden Meeresfrüchte wie *gambas* (Garnelen), Muscheln oder Austern als *entrada* serviert.

HAUSMANNSKOST UND HAUTE CUISINE

In der portugiesischen Traditionsküche – vor allem im Norden und im Landesinneren – ist „gut" ein Synonym für

So klein, so lecker: Das gilt für die Venusmuscheln wie für die Puddingtörtchen aus Belém

„viel". In den Dorfrestaurants wird ordentlich aufgetischt. Ist dein Hunger mal nicht so groß, bestellst du eine *meia dose*, eine halbe Portion. Die Köche in den Touristenhotels und -lokalen setzen auf internationalen Standard, in den Gourmetrestaurants dominieren Französisches, Fernöstliches oder Crossover-Küche; allerdings sind die Kreationen in den Schickimickitempeln dann vor allem bunt und kunstvoll, aber nicht mehr unbedingt tellerfüllend. Nach einem siebengängigen Degustationsmenü *(menu de degustação)* wirst du aber auch in einem Sternerestaurant satt. Mit *petiscos,* dem portugiesischen Pendant zu den spanischen Tapas, kannst du dich prima quer durch die nationalen Köstlichkeiten probieren.

FLEISCH UND MEERESGETIER

Die portugiesische Küche steht auf zwei Pfeilern: *carne e peixe* – Fleisch und Fisch. Eins von beiden landet bei fast allen Mahlzeiten auf dem Teller. *Bifes* (Rindfleischsteaks) in allen Varianten, Schweinefleisch *(carne de porco),* Hühnchen *(frango)* oder auch mal Wild *(caça)* – Hauptsache deftig! Auf elaborierte Saucen hingegen legt man selten Wert, da tut's auch mal ein Spritzer Olivenöl, wenn das Fleisch zu trocken ist.

Mindestens genauso beliebt ist alles, was das Meer so hergibt: von den sommerlichen Sardinen *(sardinhas)* über Wrackbarsch *(cherne)* und Seezunge *(linguado)* bis hin zur Goldbrasse *(dourada)* oder Krake *(polvo).* Schon zu Seefahrerzeiten liebte man den zu Stockfisch *(bacalhau)* getrockneten Kabeljau und noch immer ist er in seinen unzähligen Varianten das Leibgericht vieler Portugiesen. Fangfrische Fische *(peixe do dia)* werden ebenso wie Meeresfrüchte in der Regel nach Gewicht berechnet, auf der Speisekar-

Die Currywurst der Portugiesen: *sardinhas assadas* frisch vom Grill

te steht also der Kilopreis. Generell kann man in Portugal noch immer ziemlich gut und vergleichsweise günstig Fisch und anderes Meeresgetier essen.

NEUE TRENDS

Mit Vegetariern oder gar Veganern kann man in Portugal immer noch nicht ganz so viel anfangen wie in Mitteleuropa, doch die modernen Küchenchefs erkennen allmählich den Trend der Zeit. In Lissabon, Porto und zunehmend auch in kleineren Städten findest du inzwischen eine ganze Reihe vegetarischer Restaurants (aufgelistet unter *happycow.net*).

Was die Beilagen angeht, dominiert allerorten die Kartoffel, gerne auch in Form von Pommes. Nicht selten wird zusätzlich aber auch noch Reis serviert. Gemüse *(legumes)* hingegen wird auf portugiesischen Tellern eher stiefmütterlich behandelt, manchmal muss man extra danach fragen – oder sich mit einem Salat *(salada)* begnügen.

EIN SÜSSES NACHSPIEL

Quer sobremesa? Die Frage nach dem Nachtisch fehlt praktisch nie und wird meistens mit ja beantwortet, denn für Süßes ist immer noch Platz. Nach dem Essen bestellen Portugiesen unbedingt einen kleinen starken Kaffee (*café* bzw. *bica*). Eher an einen Latte macchiato erinnert der im Glas servierte *galão*. Du brauchst einen Aufräumer? Dann frag nach *aguardente,* z. B. einem *bagaço* (Tresterschnaps)!

E PARA BEBER?

Wasser wird in Portugal fast immer still getrunken; Sprudelwasser nennt sich *água com gás*. Zwei Biermarken dominieren den Markt: Sagres und Superbock, gezapft *(imperial)* oder aus der Flasche *(garrafa)*. Wenn du in einer der hippen Bars lokale Craft-Beer-Sorten *(cerveja artesanal)* entdeckst – unbedingt probieren! Vor allem aber hat Portugal eine unglaubliche Bandbreite an wirklich hervorragenden Weinen zu bieten. In den Lokalen machst du mit dem Hauswein selten etwas falsch; du findest jedoch auch wirklich erstklassige Tafelweine aus den über 40 Qualitätswein-Anbaugebieten, egal ob *tinto* (Rotwein), *branco* (Weißwein) oder eisgekühlten *vinho verde* (junger, moussierender Wein). Ein guter Portwein kann als Aperitif oder Dessertwein das Menü einrahmen.

INSIDER-TIPP
Bierige Abwechslung

Unsere Empfehlung heute

Vorspeisen

QUEIJO DA SERRA
Schafskäse aus der Serra da Estrela

GAMBAS COM PIRI-PIRI
Garnelen mit Chili

PASTÉIS DE BACALHAU
Stockfischkroketten mit pürierten Kartoffeln, Zwiebeln und Kräutern

SALADA DE POLVO
Oktopussalat mit Zwiebeln und Koriander

AÇORDA DE MARISCO
Brotbrei mit Meeresfrüchten

CALDO VERDE
Grünkohlsuppe mit Kartoffeln, Räucherwurst *(chouriço)* und Knoblauch

Hauptgerichte

LULAS RECHEADAS
gefüllte Tintenfische

SARDINHAS ASSADAS
gebratene Sardinen

CALDEIRADA
Fischeintopf

MEXILHÕES
Miesmuscheln

CATAPLANA
Eintopf aus Meeresfrüchten, Fisch, Zwiebeln, Paprika und Kartoffeln, in der kupfernen Deckelpfanne zubereitet

CARNE DE PORCO À ALENTEJANA
Schweinefleisch mit Venusmuscheln

LEITÃO
Spanferkel

COZIDO À PORTUGUESA
Fleischeintopf (Rind, Schwein, Huhn, Würste) mit Kartoffeln, Möhren, Grün- und Weißkohl

FRANGO PIRI-PIRI
Mit Chiliöl mariniertes, gegrilltes Hähnchen

FRANGO NA PÚCARA
Huhn aus dem Schmortopf

CABRITO ASSADO
gebratenes Zicklein

CHANFANA
In Wein geschmorte Ziege

Desserts

PUDIM
Pudding mit Karamellsauce

ARROZ DOCE
Milchreis

SHOPPEN & STÖBERN

Oh, du machst Urlaub in Portugal? Bring mir einen Portwein mit! Nichts einfacher als das (wenn das Gepäck es erlaubt) – es gibt aber auch noch andere tolle Souvenirs! Wobei die besten Mitbringsel ja tatsächlich immer die sind, die nicht als Staubfänger im Regal landen – insofern machst du mit kulinarischen Spezialitäten nichts verkehrt.

FEINES AUS DER FLASCHE

Den allgegenwärtigen Portwein gibt es in den unterschiedlichsten Preisklassen und Geschmacksvarianten – am besten kaufst du ihn also nach einer ausführlichen Probe in einer der Portweinkellereien von Vila Nova de Gaia bei Porto oder im Dourotal. Nicht ganz so bekannt ist der süffige Kirschlikör *(ginjinha)* aus Lissabon oder Óbidos. An hochprozentigen Köstlichkeiten mangelt es wahrlich nicht in Portugal. Dazu gehören auch die scharfen Sachen wie Feigenbrand *(aguardente de figo)* oder Schnaps aus den Früchten des Erdbeerbaums *(medronho)*, den du vor allem im Hinterland der Algarve findest. Und am besten direkt beim Winzer kauft man die guten Tafelweine. Wer seine flüssigen Mitbringsel nicht im Flughafenshop kaufen mag, verstaut sie bruchsicher in der Koffermitte.

INSIDER-TIPP
Bruchsicheres Gourmetgeschenk

Ein nichtalkoholisches und oft auch in stabilen Plastikflaschen zu erhaltendes Mitbringsel ist das gute portugiesische Olivenöl.

GAUMENFREUDEN

Apropos kochen: In verschiedenen Gegenden des Landes werden in Meersalinen hochwertige Speisesalze gewonnen und auch das edle *flor de sal*, oft mit Kräutern oder Zitrone aromatisiert, bekommst du in hübschen Verpackungen. Du magst es scharf?

Du magst Kork, aber ein Untersetzer als Mitbringsel ist dir zu spießig? Bitte schön!

Piri-piri (Chili) gibt es in vielen Varianten, z. B. getrocknet oder als würzige Paste. In den portugiesischen Gebirgen werden mitunter phantastische Käsesorten produziert, sei es aus Ziegen-, Schafs- oder Kuhmilch. Sie eignen sich hervorragend zum Mitnehmen. Ein super Souvenir sind auch die hübschen Fischkonserven im Vintagestil, die mit delikat eingelegten Thunfisch- oder Sardinenfilets gefüllt sind.

EIN ALLESKÖNNER-MATERIAL

In jedem ordentlichen Souvenirshop liegen sie aus, die Taschen, Sandalen, Etuis, Untersetzer, Krawatten und andere Accessoires aus dem wasser- und feuerresistenten Naturprodukt Kork! Portugal ist eben weltweit Korkproduzent Nummer 1 – und die abgestorbenen Zellen der Korkeichen landen nicht mehr nur in Wein- und Champagnerflaschen, sondern auch in wirklich hübschen Handtaschen.

MEHR ALS NUR STAUBFÄNGER

Sie sind so verführerisch und farbenfroh, die portugiesischen Keramikarbeiten – da kann man doch kaum widerstehen. Auch wenn du zu Hause dann vielleicht doch nur einen Regalplatz für die hübsche Azulejofliese oder die bunte Töpferschale hast. Besonders dekorativ sind übrigens die Sardinen, die in allen Formen und Farben leuchten.

EINE PORTUGIESISCHE IKONE

Tiere sind übrigens beliebt: An jeder Ecke wartet auch der Hahn von Barcelos auf Souvenirjäger – der angemalte Gockel erinnert an einen unschuldig zum Tod verurteilten Jakobspilger, dem in Barcelos einst ein Hahnenkrähen zur Freiheit verhalf. Heute gehört er zu den typischsten Portugalsouvenirs: Das Motiv ist u. a. auf Küchentüchern, Decken, Schürzen und Keramik zu finden.

SPORT

Von der perfekten Welle bis zum Kajaktrip, von der Küstenwanderung bis zur Gebirgstour: In Portugal kannst du ganzjährig hervorragend sporteln, denn in allen Regionen des Landes locken phantastische Outdoor-Aktivitäten.

GOLF

Das milde Klima, die ganzjährige Bespielbarkeit und die tollen Landschaften haben für einen wahren „Golfstrom" nach Portugal gesorgt. Auf mehr als 80 Plätzen kann man spielen, die meisten davon finden sich im Süden und im Raum Lissabon. Und nicht überall geht es elitär zu: Im nationalen *Sportzentrum Jamor (portal.fpg.pt/jamor)* bei Lissabon kannst du als Nichtmitglied des portugiesischen Golfverbands für eine Greenfee von 20 Euro eine 9-Loch-Runde spielen. Einen guten Überblick zum Thema Golf gibt *portugalgolf.net*.

KAJAKFAHREN

An der Algarve locken tolle Seekajaktouren, vor allem entlang der zerfurchten Felsküste und durch die Grotten an der Ponta da Piedade von Lagos – bei ruhiger See eines der schönsten Wassersporterlebnisse Portugals (z. B. mit *kayak-centre.com*). Auch die Lagunen der Ria Formosa (z. B. *formosamar.com*) oder die Küste von Sesimbra (z. B. *kayakaventura.com.pt*) eignen sich bestens zum Paddeln. Tolle Landschaften siehst du auch bei Kajaktouren auf einem der Flüsse im Norden oder Zentrum. Besonders schön ist es auf dem Zêzere bei Constância (z. B. *descidas-em-kayak.com*), auf dem Mondego zwischen Penacova und Coimbra (z. B. *opioneirodomondego.com*) oder auf dem Douro bei Pinhão *(magnificodouro.pt)*.

RADFAHREN

Das Fahrrad als alltägliches Verkehrsmittel setzt sich in den meist recht hü-

Dank der vorgelagerten Inseln paddelt es sich in der Lagune der Ria Formosa ganz entspannt

geligen Städten Portugals erst sehr langsam durch; immerhin gibt es inzwischen aber vielerorts Bikesharing-Stationen. Aus sportlichen Gründen steigen jedoch auch die Portugiesen immer öfter aufs Renn- oder Mountainbike und nehmen sich die Gebirgsrouten der Serra da Estrela oder Serra de Sintra vor. Manche Fernwanderwege eignen sich auch prima für Mountainbikes.

Outdoor-Tours (downhill-cycling-monchique.com) bietet geführte Mountainbiketouren im Hinterland der Algarve an. Besonders toll ist der Downhill-Trip „easy going", der sich auch für Kinder oder weniger fitte Radler eignet.

INSIDER-TIPP
Vom Algarvegipfel Fóia Richtung Meer brausen

REITEN

Lass dich im Sattel von Lusitanern durch Wälder und über Wiesen tragen! Vor allem die Weiten des Alentejo sind ein Traum für Pferdefreunde. manche *quintas* bieten Reiterferien an, z. B. das Hotel *Monte Aguentinha do Campo (aguentinhadocampo.com)* in Messejana. Toll gepflegte Pferde findest du in dem charmanten, von Deutschen geführten Landhotel *Quinta Lusitânia (quintalusitania.pt)* bei Santa Comba Dão in Zentralportugal.

SEGELN

An attraktiven Yachthäfen mangelt es nicht an Portugals Küsten. *Tejo Dreams (tejodreams.com)* bietet verschiedene Segelausflüge von Lissabon aus an. Auch an der Algarve kannst du organisierte Törns buchen, z. B. bei *Cruzeiros da Oura (cruzeiros-da-oura.com)* an der schicken Marina von Vilamoura.

SURFEN UND KITESURFEN

Portugal ist mit seiner langen Atlantikküste ein wahres Surferparadies. Die berühmtesten Wellen brechen nahe Peniche und Ericeira – hier werden alljährlich internationale Wettbewerbe veranstaltet. Wer seinen Surfurlaub mit einem Städtetrip verbinden möchte: Nahe Lissabon locken die Strände von Carcavelos und Costa da Caparica, von Porto aus erreichst du per ÖPNV die Strände von Matosinhos.

Landschaftlich wunderschön sind die Buchten um Sagres und Carrapateira an der Costa Vicentina. Hier findest du mit dem *Amado Surf Camp (amado surfcamp.com)* eine bewährte Surfschule. Diese Strände der Westalgarve sind ebenso gut für Anfänger geeignet wie die Gegend um Peniche, wo die Halbinsellage für Wellen jeden Schwierigkeitsgrads sorgt. Etwas Besonderes ist die Kombination von Surfen und Yoga, wie sie inzwischen in vielen Surf Retreats angeboten wird.

Auch Kiter und Windsurfer werden in Portugal glücklich; deren Hotspot ist der Strand von Guincho bei Cascais oder (für Anfänger) die Lagoa de Albufeira nördlich von Sesimbra.

TAUCHEN

Ausgestattet mit dicken Neoprenanzügen hält man's auch in den kühlen portugiesischen Gewässern aus – vor allem wenn du mit tollen Fischsichtungen belohnt wirst. Gute Tauchspots sind die Ilhas Berlengas vor Peniche, die Costa Azul um Sesimbra sowie die Algarveküste bei Lagos und Sagres. Nahe Portimão gibt es zudem ein paar

Die langen Sandstrände der Algarve sind ein Dorado auch für Reiter

Schiffswracks zu besuchen. An der Algarve bieten z. B. *Blue Ocean Divers (blue-ocean-divers.eu)* in Lagos oder *Subnauta (subnauta.pt)* in Portimão Tauchgänge oder Tauchausbildungen an, teilweise auch deutschsprachig. Unter anderem in Peniche, Sesimbra und Matosinhos bei Porto betreibt *Haliotis (haliotis.pt)* professionell geführte Tauchbasen.

WANDERN

Wandern ist voll im Trend! Viele Gemeindeverwaltungen haben das Potenzial erkannt und investieren in neue Wege und bessere Markierungen. Im Norden findet man im Nationalpark Peneda-Gerês und im Naturpark Montesinho tolle Wanderpfade. Immer mehr Jakobspilger entscheiden sich für den nicht ganz so überlaufenen *Caminho Português,* der z. B. ab Porto in zehn Etappen ins spanische Santiago de Compostela führt. Unterstützung beim Pilgern oder geführte Touren in Nordportugal bietet *Portugal Green Walks (caminhoporto santiago.com).* Wenn du auf Fernwanderwege stehst, gibts noch mehr Schmankerl: Die *Grande Rota do Zêzere* folgt dem Rio Zêzere über 370 km von seiner Quelle in der – ebenfalls hervorragend zum Wandern geeigneten! – Serra da Estrela bis zu seiner Mündung in den Tejo. Ausführliche Infos zu diesem Weg und anderen Wanderungen in den Mittelgebirgen gibts unter *aldeiasdoxisto.pt.* Im Hinterland der Algarve schlängelt sich der 300 km lange Fernwanderweg *Via Algarviana (viaalgarviana.org)* von Alcoutim bis zum Cabo de São Vicente.

Wandern mit Atlantikbrise: unterwegs auf dem Fisherman's Trail

Das gleiche Ziel hat die traumhafte *Rota Vicentina (rotavi centina.com),* die über 350 km parallel zur Südwestküste verläuft – bei der Variante *Fisherman's Trail* auch unmittelbar am Meer entlang.

INSIDER-TIPP
Auf und ab an der Bilderbuchküste

Darüber hinaus gibts in allen kleinen und großen Gebirgen, von der Serra de Sintra über die Serra da Arrábida bis zur Serra de Monchique, tolle Wanderwege. Diese „kleinen Routen" sind in Portugal immer als „PR" und mit gelb-roten Streifen markiert, im Gegensatz zu den weiß-roten „Grande Rotas" (GR).

DIE REGIONEN IM ÜBERBLICK

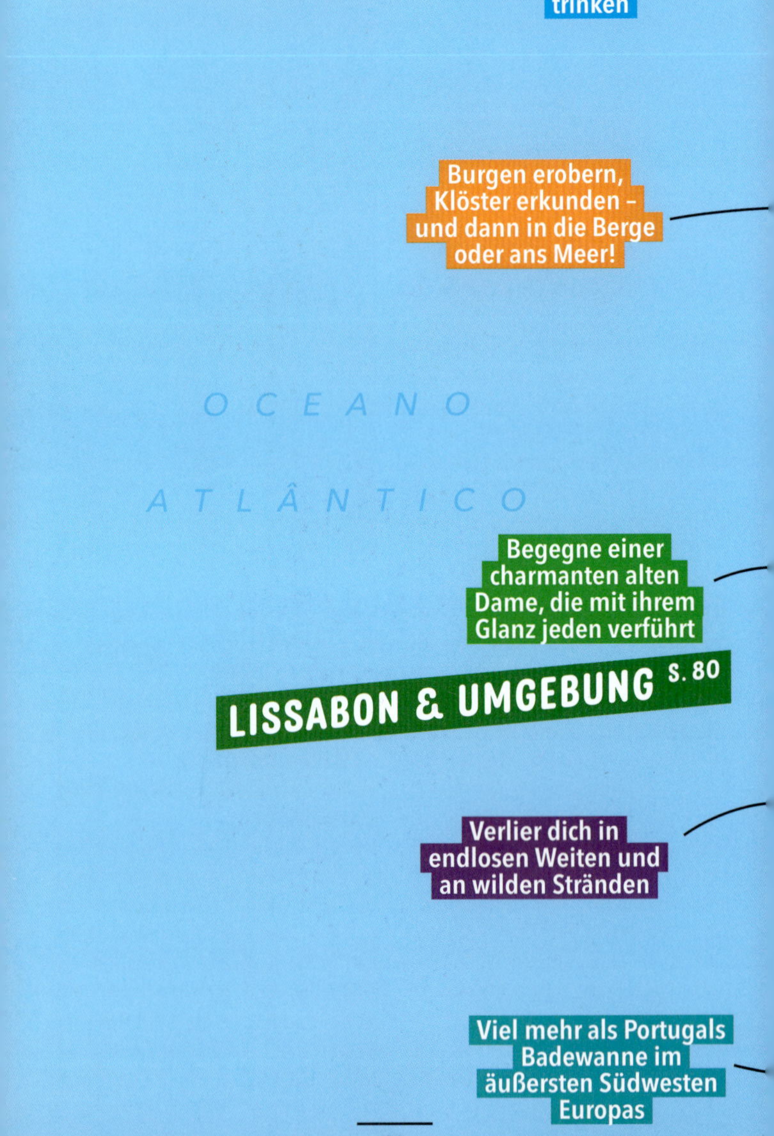

NORDPORTUGAL S. 38
Braga
Guimarães
Porto
R. Douro
Viseu
ESPAÑA
Coimbra
ZENTRALPORTUGAL S. 54
R. Tejo
R. Guadiana
LISBOA
Almada
Setúbal
Évora
Baia de Setúbal
ALENTEJO & COSTA AZUL S. 94
R. Guadiana
ALGARVE S. 108
Faro
Golfo de Cádiz
50 km
31.07 mi

NORD-PORTUGAL

ES GRÜNT SO GRÜN

Herrliche Strände, tiefgrüne Wälder, üppige Weingärten und historische Städte: Portugals hoher Norden ist eine Erlebniswelt aus Natur. Dass es hier öfters mal regnen muss, steht bei den satten Grüntönen und den fruchtbaren Feldern außer Frage. Im Winter geht es tatsächlich ziemlich feucht zu und auch im Sommer ist es hier meist etwas frischer als im heißen Süden. Dann zieht es die Städter in die Naturparks und in Portugals einzigen Nationalpark, an die Bilderbuchstrände und in die romantischen Burgdörfer.

Eine Gegend für Landschafts- und Portweingenießer: das Obere Dourotal bei Pinhão

Es fehlt nicht an guten, deftigen Speisen, die gerne in großzügigen Portionen aufgetischt werden. Dazu die hervorragenden Weine der Region, vom erfrischenden Sommerwein *vinho verde* bis zum schweren Portwein zum Dessert. Gut gestärkt lassen sich die spannenden, geschichtsträchtigen Städte des Nordens noch besser erkunden – und davon gibt es hier so einige. Trotz der dichten Besiedlung ist es nie weit in die Natur – und die ist wohl die größte Attraktion dieser Region.

NORDPORTUGAL

MARCO POLO HIGHLIGHTS

★ **GUIMARÃES**
Eine historische Burg, wunderschöne Plätze und pralles Leben im grünen Minho ➤ S. 49

★ **SANTUÁRIO DO BOM JESUS DO MONTE**
Eine grandiose Freitreppe führt zur barocken Kirche hoch über Braga ➤ S. 47

★ **PORTWEINKELLEREIEN**
Kein Portobesuch ohne Kostprobe in einer der zahlreichen *caves* in Vila Nova de Gaia, denn hier lagert flüssiges Gold ➤ S. 44

★ **PANORAMATOUR NACH VALENÇA**
Was will man mehr: endlose Sandstrände, grüne Berge und die Mündung des Minho, der die Grenze zu Spanien bildet ➤ S. 51

WOHIN ZUERST?

Estação São Bento: Am Bahnhof steckst du gleich mitten im Geschehen der Baixa genannten Innenstadt. Nach einem Stopp in der Kathedrale kannst du Richtung Fluss starten. Am schönsten ist es an den Cais da Ribeira und in den Portweinkellereien von Vila Nova de Gaia auf der anderen Seite des Douro.

PORTO

(□ C4) **Ein Traum aus Granit: In Portugals zweitgrößter Stadt (232 000 Ew., im Großraum 1,7 Mio. Ew.) stößt du nach jeder Biegung auf neue, spannende Perspektiven – sei es am stetig dahinfließenden Douro, den sechs ganz unterschiedliche Brücken überspannen, oder in den quirligen Vierteln der Metropole des Nordens.** Zu den Wahrzeichen der Stadt gehören neben all den imposanten Bauwerken aus hellem Granit die glänzenden Azulejofassaden an Kirchenwänden und Stadthäusern. Gut zu Fuß solltest du sein, in Porto geht es auf und ab! Doch es lohnt sich, denn Porto, dessen Altstadt zum Unesco-Welterbe erklärt wurde, ist pure Poesie. Ausführlich informiert der MARCO POLO Reiseführer „Porto".

SIGHTSEEING

TORRE & IGREJA DOS CLÉRIGOS

Nirgendwo bekommst du einen besseren Überblick über Porto als hier! Auch wenn der Aufstieg auf Portugals höchsten Kirchturm (76 m) über die teils ziemlich schmalen Stufen ganz schön schweißtreibend ist. Danach kannst du dich auf einer Kirchenbank in der verspielt-barocken Kirche aus dem 18. Jh. ausruhen, mittags sogar mit Livemusik. *Tgl. 9–19 Uhr | Rua de São Filipe Nery | torredosclerigos.pt | ⏲ 1 Std.*

INSIDER-TIPP
Gratis-Orgelkonzert um Punkt 12

SÉ

Portos doppeltürmige Kathedrale aus dem 12./13. Jh. wurde später dem barocken Zeitgeschmack angepasst. Gesonderter Zugang zu Kreuzgang und Domschatz *(So-Vormittag geschl.). Tgl. 9–17.30/18.30 Uhr | Terreiro da Sé*

CAIS DA RIBEIRA

Achtung, Postkartenmotive en masse! Das bunte Uferviertel mit Kneipen, Cafés und Restaurants hat einfach Flair. Von der Promenade aus starten Bootstrips, z. B. mit Tomaz do Douro *(tomazdodouro.pt).* Sie erlauben Blicke auf die Brücke Dom Luís I., die Portweinlager und die typischen *barcos rabelos,* Boote, mit denen einst die Weinfässer auf dem Fluss transportiert wurden. Apropos Aussicht: Die schönsten Fotos der Ribeira schießt du von der Esplanade vor dem Kloster *Mosteiro Serra do Pilar* auf der gegenüberliegenden Flussseite.

IGREJA DE SÃO FRANCISCO

Welch ein überwältigendes Werk! Die Franziskanerkirche wurde im 17. und 18. Jh. mit ein paar Hundert Kilo Blattgold barock ausgestaltet – pass auf, dass du keinen Goldschock bekommst. Im benachbarten Bau mit dem Ticket-Office führt außerdem noch ein Abstieg in Katakomben. *Tgl. 9–18, März/April und Okt. bis 19, Mai–Sept. bis 20 Uhr | Rua do Infante Dom Henrique | 30 Min.*

PALÁCIO DA BOLSA

Absoluter Pflichtbesuch in Porto! Bei der einstündigen Führung durch die prächtigen Säle der Handelskammer und des einstigen Börsenparketts wirst du verstehen, warum in Porto schon immer die selbstbewussten (Portwein-) Händler und das Bürgertum und eben nicht die Krone oder die Kirche das Sagen hatten. Aus eigenen Mitteln finanzierten sich die Kaufleute diesen imposanten Palast, dessen Bauzeit (von 1842 bis 1910) vor allem deshalb so lang war, weil die Säle, insbesondere der atemraubende *Arabische Saal,* so unglaublich üppig dekoriert wurden. *April–Okt. tgl. 9–18.30, Nov.–März 9–12.30 und 14–17.30 Uhr | Rua Ferreira Borges | palaciodabolsa.com*

MUSEU DE ARTE CONTEMPORÂNEA DE SERRALVES

Zum Erkunden dieses Kulturschätzchens kannst du ruhig einen halben Tag einplanen. Das Museum für moderne und zeitgenössische Kunst liegt am Rand eines großen Parks und zeigt wechselnde, teilweise weltberühmte Ausstellungen zu Malerei und Fotografie. Architekt war der Pritzker-Preisträger Álvaro Siza. Versäum auf keinen Fall einen Streifzug durch die

INSIDER-TIPP
Spannende Skulpturen im Park

phantastische Gartenanlage, die mit toller Open-Air-Kunst gespickt ist. *Mo–Fr 10–18, Sa/So 10–19 Uhr | Rua João de Castro 210 | serralves.pt | 2 h*

PORTWEINKELLEREIEN ★

Was wäre Porto ohne Portwein? Der Besuch einer der vielen *caves* in Vila Nova de Gaia ist ein besonderes Erlebnis. Die Rundgänge führen an Eichenfässern und Großdepots vorbei, die einige Zehntausend Liter fassen. Bei einer Führung (vorher reservieren!) bekommt man auch immer eine Kostprobe der edlen Tropfen. Gute Adressen: *Burmester (tgl. 10–13 und 14–19 Uhr | Largo Ponte Luiz I | burmester.pt)* und *Taylor's (tgl. 10–18 Uhr | Rua do Choupelo 250 | taylor.pt).*

ESSEN & TRINKEN

DOP

Moderne Küche für absolute Gourmets! Starkoch Rui Paula verführt deine Sinne in puristischem Interieur mit sensationellen Geschmacksnoten, die schon bei der Stockfisch-*açorda* oder beim Oktopuscarpaccio beginnen. *Mo-Mittag und So geschl. | Largo de São Domingos 18 | Tel. 222014313 | doprestaurante.pt | €€€*

TAPABENTO

Kreativ und köstlich – die Tapas werden hier so kunstvoll zubereitet, dass dir schon vom Anschauen das Wasser im Mund zusammenläuft. Ohne Reservierung hast du keine Chance! *Di-Mittag und Mo geschl. | Rua da Madeira 222 | Tel. 912881272 | tapabento.com | €–€€*

MAJESTIC

Das Café von 1921 gilt als schönstes Kaffeehaus der Metropole und hat seinen *old-fashioned style* bewahrt. Es gibt auch herzhafte Speisen. *So geschl. | Rua Santa Catarina 112 | Tel. 222003887 | cafemajestic.com | €–€€*

SHOPPEN

Die schönsten Einkaufs- und Bummelzonen liegen um die Rua Santa Catarina; hier befindet sich auch die eiserne Markthalle *Mercado do Bolhão (mercadobolhao.pt)* aus dem Jahr 1914, die 2022 nach jahrelanger Renovierung wiedereröffnet wurde. Eine der schönsten Buchhandlungen der Welt ist die märchenhafte *Livraria Lello (Rua das Carmelitas 144 | livrarialello.pt)* mit ihrem historischen Dekor.

SPORT & SPASS

Wunderbar joggen kannst du entlang des Douroufers, vor allem auf der Seite von Vila Nova de Gaia, oder im nördlichen Mündungsbereich, an der Promenade von Foz do Douro, die bis nach Matosinhos führt. An der Atlantikküste tummeln sich die Wellenreiter im kalten Meer, im Sommer füllen sich auch die Strände mit Badegästen.

STRÄNDE

Portos größter Stadtstrand ist die *Praia de Matosinhos* zwischen dem Castelo do Queijo genannten Fort São Francisco Xavier und dem modernen Kreuzfahrtterminal. Auch Surfer werden – vor allem im Winter – an diesem langen

Sandstrand glücklich. Südlich der „Käseburg" liegen weitere, kleinere Strandbuchten. Zu den fotogensten Stränden Portugals gehört die *Praia do Senhor da Pedra* in Miramar gut 10 km südlich von Porto. Die Barockkapelle mit sechseckigem Grundriss, nach der der Strand benannt ist, erhebt sich malerisch auf einem Felsen am Meeressaum.

AUSGEHEN & FEIERN

Etwa 250–300 meist klassische Konzerte stehen jährlich in Haupt- und Nebensaal der *Casa da Música (Av. da Boavista 604 | Tel. 220120220 | casadamusica.com)* auf dem Programm; Rockkonzerte finden häufig im *Coliseu (Rua de Passos Manuel 137 | coliseu.pt)* statt. Die höchste Kneipendichte gibt es in den Gassen der *Galerias,* Portos Ausgehviertel nördlich der Igreja dos Clérigos.

RUND UM PORTO

1 ALTO DOURO (OBERES DOUROTAL)

85 km bis Mesão Frio östlich von Porto/1¼ Std. über die A4 und die N101

Steile Terrassen, auf deren Schieferböden die Trauben für den edlen Portwein wachsen, dazwischen der Douro mit seinen malerischen Nebenflüssen: Das Dourotal ist eine Augenweide und viel zu schön, um es nur auf einem Tagesausflug zu erleben. Das

In der Livraria Lello kann der Buchkauf schon mal schwindlig machen

Pilgerziel, Panoramapunkt, Parkanlage: Bom Jesus do Monte

Weinbaugebiet *Alto Douro* beginnt bei Mesão Frio und erstreckt sich fast bis zur spanischen Grenze. Besuch eine der unzähligen *quintas* und probier deren Portweine, z. B. die *Quinta do Tedo (quintadotedo.com)* in *Folgosa,* wandere durch die Weinberge oder lass dich per Ausflugsboot durch das atemraubende Dourotal schippern, z. B. mit *Magnífico Douro (magnifico douro.pt)* ab *Pinhão.* Nicht verpassen solltest du die spektakulären Aussichtspunkte *(miradouros) São Leonardo da Galafura* und *São Silvestre.* *🕮 E4*

BRAGA

(🕮 C3) **Auf den ersten Blick wirkt das erzkatholische Braga (77 000 Ew.) wie eine biedere, konservative Kirchenstadt – kein Wunder, dass man die Provinzhauptstadt auch als „portugiesisches Rom" bezeichnet.** Doch auf den zweiten Blick entpuppt sich Braga als quicklebendige Studentenstadt, die ihren jungen Einwohnern mehr als nur barocke Kirchen bietet (obwohl die vielen Gotteshäuser und Paläste aus dem 17. und 18. Jh. durchaus schön anzuschauen sind!): Es gibt ein reichhaltiges Kulturangebot und dank der reizvollen Natur in der hügeligen Umgebung auch ein ordentliches Outdoorprogramm.

SIGHTSEEING

ALTSTADT

Bragas Innenstadt eignet sich prima zum Flanieren: Spazier durch das „neue" Stadttor, die *Porta Nova* aus dem 18. Jh., auf die einladende Fußgängerzone, über die du vorbei an der im barocken Überschwang glänzenden *Kathedrale (tgl. 9.30–12.30 und 14.30–17.30, im Sommer bis 18.30 Uhr)* zu den Resten des *Castelo* schlendern kannst. Von der einstigen Burg ist nur noch der *Bergfried* aus dem 14. Jh. erhalten, fast versteckt er sich ein bisschen hinter den prächtigen barocken Herrenhäusern an der *Praça da República.* Hier öffnet sich die Altstadt hin zur weitläufigen *Avenida Central* mit ihren Arkaden, Springbrunnen und sorgsam gepflegten Grünflächen und Blumenrabatten – da mag man am liebsten gleich losjoggen, so wie die Bracarenses ... Richtung Süden führt die Avenida da Liberdade zu einer besonderen Quelle: Die römerzeitliche *Fonte do Ídolo* stammt vermutlich aus dem 1. Jh.

MUSEU DOS BISCAINHOS

In dem schönen Barockpalais aus dem 17. Jh. lebte bis 1963 eine reiche Adelsfamilie in Saus und Braus. Den Prunk der letzten Jahrhunderte, vor allem das außergewöhnliche Mobiliar und das wertvolle Porzellan, kannst du bei einer Führung durch den Palast und die herrliche Gartenanlage bestaunen. *Di–So 10–12.30 und 14–17.30 Uhr | Rua dos Biscainhos | museudosbiscainhos.gov.pt |* ⏱ *1 Std.*

SANTUÁRIO DO BOM JESUS DO MONTE ★

Am östlichen Stadtrand thront Portugals prächtigste Wallfahrtskapelle, romantisch eingebettet in einen tiefgrünen Waldpark auf einer 400 m hohen Anhöhe. Das beste Foto schießt du jedoch von unten, am besten bevor du die schweißtreibenden Granitstufen der imposanten Freitreppenanlage aus dem 18. Jh. hinaufpilgerst. Alternativ kann man auch mit dem Auto oder – viel spektakulärer – mit der ältesten funktionstüchtigen Wasserballastbahn der Welt zur Kapelle fahren; sie tuckert schon seit 1882 die 116 Höhenmeter hinauf. So oder so – oben erwartet dich neben der 1811 dem „guten Jesus vom Berg" geweihten Kapelle und dem lauschigen Park eine grandiose Aussicht über Braga und das hügelige Umland. ⏱ *1 h*

ESSEN & TRINKEN

CAFÉ VIANNA

Der Klassiker in Braga! In diesem altehrwürdigen Kaffeehaus kehren die Bracarenses schon seit 1871 ein. Es ist einfach herrlich, unter den Arkaden zu sitzen und das Treiben zu beobachten. *Tgl. | Praça da República | Tel. 253262336 | €*

TÁBUAS, COPAS & OUTRAS CENAS

Der Name sagt alles: Hier gibts herzhafte Platten, Drinks und „andere Abendessen". Was für eine coole und chillige Tapabar! Viel Platz ist nicht, also unbedingt reservieren. *So/Mo und außer Sa mittags geschl. | Rua Dom Gonçalo Pereira 54 | Tel. 936706108 | Facebook | €€*

O FILHO DA MÃE

Beim „Sohn der Mutter" (ein Ausdruck, der auch als vorsichtige Beschimpfung dient!) gibts köstliche Fusion-Ethno-Latino-Küche, von Ceviche und Riesengarnelen über argentinische *empanadas* bis zu saftigen brasiliani-

INSIDER-TIPP
Lateinamerikanischer Desserttraum

schen Steaks. Und wie wär's mit einem Dessert aus Kokos-Panna-cotta, Ananas-Maracuja-Sauce und Ingwerstreuseln? Eine transkontinentale Geschmacksexplosion! *Mo-Mittag und So geschl. | Rua Dom Afonso Henriques 25 | Tel. 935372123 | Facebook* | €€

AUSGEHEN & FEIERN

Die Gassen nahe der Kathedrale sind am Abend von Nachtschwärmern bevölkert – das religiöse Zentrum ist auch das Ausgehviertel. In den Bars ist abends bis 2 Uhr was los, danach gehts im Club weiter, z. B. im *Lustre (Fr–Sa ab 22.30 Uhr | Praça Conde Agrolongo 115 | Facebook),* in dem es auch regelmäßig Livegigs gibt.

RUND UM BRAGA

2 PARQUE NACIONAL DA PENEDA-GERÊS

45 km bis Gerês nordöstlich von Braga/1 Std. über die N 103

Nirgendwo in Portugal trifft man auf eine so intakte Vegetation und so ursprüngliche Dörfer wie im einzigen Nationalpark des Landes. Er beginnt etwa 35 km nordöstlich von Braga und erstreckt sich über viele Berge und Täler nordwärts bis zur spanischen Grenze. Zahlreiche Wanderwege (eine Wanderung findest du im Kapitel „Erlebnistouren") schlängeln sich durch das etwa 700 km² große Gebiet und führen dich zu rauschenden Wasserfällen in tiefgrüner Natur und in raue Berglandschaften. Mehrere Stauseen ermöglichen Wassersport oder eine Badeerfrischung. Steile Ackerterrassen und traditionelle Granithäuschen geben den abgelegenen Dörfern wie *Pitões das Júnias* oder *Castro Laboreiro* ihren besonderen Reiz. Viele dieser Steinhäuser sind zu urigen Unterkünften ausgebaut worden – ideal für ein paar Nächte inmitten der Natur. Ein grandioses Erlebnis ist eine Canyoningtour durch eine der grünen Schluchten, z. B. mit *Tobogã (toboga.pt).* Infos zum Park gibts an den fünf Nationalparkzentren, den sogenannten „Portas", oder unter *adere-pg.pt* und *serradogeres.com.* D2

INSIDER-TIPP
Abseilen im Wasserfall

3 BARCELOS

20 km westlich von Braga/gut 30 Min. über die N 103

Du möchtest wissen, wo der berühmte Gockel herkommt, der es zum Nummer-eins-Portugal-Souvenir gebracht hat? Dann auf in das 11 000-Ew.-Städtchen! Hier begegnet dir der *Galo de Barcelos* an jeder Ecke, z. B. an einem Steinkreuz in den Ruinen des Grafenpalasts *Paço dos Condes.* Abgesehen davon glänzt Barcelos mit einer äußerst hübschen Altstadt. Den schönsten Blick auf dieses historische Zentrum und auf die gotische *Ponte Medieval* über den Rio Cávado hast du vom gegenüberliegenden Ufer in Barcelinhos, den besten Überblick vom

Mittelalterturm im Herzen der Stadt. Wenn du an einem Donnerstag kommst, lass dich über den gigantischen Wochenmarkt treiben, die *Feira* auf dem Campo da República – hier gibt es fast nichts, das es nicht gibt. *C3*

4 GUIMARÃES ★

25 km südöstlich von Braga/30 Min. über die A 11

Mit gutem Grund bezeichnet man Guimarães (55 000 Ew.) als „Wiege der Nation", denn auf dem Burghügel kam 1107 Portugals erster König Afonso Henriques zur Welt. Das *Castelo (tgl. 10–18 Uhr | 30 Min.)* hoch über der Stadt hat seine Ursprünge sogar schon im 10. Jh.; heute kannst du wunderbar über die zinnenbesetzten Burgmauern kraxeln und die Aussicht genießen oder einen Blick in die spätromanische *Kapelle São Miguel* aus dem 13. Jh. werfen. Ein paar Schritte weiter erhebt sich der *Paço dos Duques de Bragança (tgl. 10–18 Uhr | 45 Min.),* ein mit prächtigen Sälen ausstaffierter Grafenpalast aus dem 15. Jh. Sein markantes Wahrzeichen sind die zylindrischen Schornsteine.

Mit ihren Gässchen und lauschigen Plätzchen, allen voran die *Praça de São Tiago* und der *Largo da Oliveira,* verströmt die Altstadt eine Mittelalteridylle, die hier ganz und gar nicht künstlich erscheint. Zu Recht hat die Unesco diese Altstadt zum Welterbe erklärt. Nach so viel Mittelalterflair kehrst du am besten in einer echten Taverne ein: Die *Taberna Trovador (Di geschl. | Largo do Trovador 10 | Tel. 913205263 | €)* ist winzig, aber herzlich, und es gibt eine tolle Auswahl an deftigen, traditionellen oder ausgefallenen *petiscos,* den portugiesischen Tapas. Wirklich köstlich ist der saftige *arroz de tomate.*

INSIDER-TIPP: Tomatenreis zum Reinlegen

Außerhalb des historischen Kerns lohnt das *Centro Internacional das Artes José de Guimarães (Di–Fr 10–17, Sa/So 11–18 Uhr | Av. Conde Margaride 175 | ciajg.pt | 1 Std.)* mit wechselnden Ausstellungen zeitgenössischer Kunst sowie Sammlerstücken des Künstlers José de Guimarães (* 1939). Oder du schwebst mit der Seilbahn *Teleférico de Guimarães (turipenha.pt)* hinauf zur *Montanha da Penha* mit dem Penha-Sanktuarium. *D3*

Mittelalterflair in der Unesco-geschützten Altstadt: Guimarães

VIANA DO CASTELO

(📖 B3) **Malerisch schmiegt sich die alte Handels- und Hafenstadt (37 000 Ew.) an den Hang zwischen Atlantik, Rio Lima und Santa-Luzia-Hügel – zu Recht gilt Viana als eine der liebenswertesten Städte des Landes.** Lass dich durch die Gassen mit ihren Arkaden und altehrwürdigen Patrizierhäusern treiben! Am idyllischsten ist es an der schönen *Praça da República*, hier schlägt das Herz der Altstadt. Das gotische Rathaus und der Renaissancebrunnen stammen aus dem 16. Jh., die festungsartige *Igreja Matriz* sogar aus dem 15. Jh. Kontrastreicher könnte dazu das futuristische *Centro Cultural Coliseu* am Flussufer kaum ausfallen.

SIGHTSEEING

NAVIO GIL EANNES

Das einstige Krankenhausschiff liegt heute als schwimmendes Museum im Hafen von Viana. Ein Rundgang führt auf die Brücke, Decks, die Kajüten, die Kombüse und den Operationssaal. *Tgl. 10–18 Uhr | Doca Comercial | fundacaogileannes.pt*

MONTE SANTA LUZIA

Zur Landseite hin wird Viana vom Monte Santa Luzia abgeschirmt, bekannt für seine schöne Aussicht, die *Wallfahrtskirche Santa Luzia* und die keltiberischen Siedlungsreste *(Citânia)*. Auf den Berg fährt eine Seilbahn *(funicular)*, die einen Höhenunterschied von 160 m überbrückt.

ESSEN & TRINKEN

TASQUINHA DA LINDA

Wo sonst kann Fisch so frisch sein wie hier im Hafen in einem ehemaligen Fischerlager am Fuß der mächtigen Hafenfestung São Tiago da Barra? Die Fisch- und Meeresfrüchtegerichte sind so köstlich, dass du ohne Reservierung keine Chance hast. *So geschl. | Doca das Marés A-10 | Tel. 258847900 | tasquinhadalinda.com | €€*

LOURO

Die 12 km in den Vorort Torre lohnen sich, wenn du dich mal richtig stilvoll durch ein von hoch motivierten Jungchefs kreiertes Degustationsmenü probieren möchtest. Ana und André wechseln das Menü mit den Jahreszeiten und feiern die Küche des Minho in den höchsten, kreativsten und innovativsten Tönen – und das zum unglaublichen Preis von 40 Euro. *So-Abend und Mo geschl. | Largo do Esteiro 5 | Tel. 258115180 | lourorestaurante.pt | €€*

INSIDER-TIPP Haute Cuisine zum Freundschaftspreis

STRÄNDE

Vianas Küste ist von zahlreichen Sandstränden gesäumt, in Stadtnähe wurde mit der *Praia Norte* zudem ein Felsenbecken nahe der Mündung des Rio Lima angelegt. Die *Praia do Cabedelo* an der Südseite der Flussmündung ist vor allem bei Surfern beliebt.

Vom Monte Santa Luzia überblickt man eine der schönsten Landschaften Portugals

Zu den schönsten Dünenstränden des Nordens gehört die *Praia do Afife* 12 km nördlich der Stadt. Auf Holzstegen kannst du dort tolle Küstenspaziergänge unternehmen, wenn das Meer zu kalt zum Baden ist.

RUND UM VIANA

5 PANORAMATOUR NACH VALENÇA DO MINHO ★

gut 50 km nördlich von Viana/1 Std. über die N 13 entlang der Küste

Der Weg ist das Ziel! Richtung Norden geht es parallel zum Atlantik, an der *Praia de Afife* erwartet dich ein einsamer, wunderschöner Strand. Über Vila Praia de Âncora und Moledo gelangst du ins malerische *Caminha,* wo du im historischen Zentrum prima einen Kaffee trinken kannst. An den Ufern des Grenzflusses Minho schaukeln Fischerbötchen, in der Ferne erhebt sich das galicische Küstengebirge. Der nördlichste Strand Portugals ist gleichzeitig auch einer der schönsten: An der weitläufigen und selten überfüllten *Praia do Foz do Minho* im Mündungsgebiet des Rio Minho kann man herrlich baden. Auf dem Teilstück Caminha–Valença genießt du noch einmal herrliche Flussblicke, bevor du in *Valença* die imposante *Burg* erstürmst. *B–C2*

6 VALE DO LIMA

30 km bis Ponte de Lima östlich von Viana/30 Min. über die A 27

Östlich von Viana geht es ins fruchtbare Tal des Rio Lima hinein, das üppige Weingärten durchziehen. Zwei Städtchen wollen am Flussufer erkundet werden: *Ponte de Lima* mit seiner mittelalterlichen Fußgängerbrücke und

Im Montesinho-Naturpark: Kastanien, Korkeichen und kaum eine Menschenseele

Ponte da Barca 17 km weiter flussaufwärts. Beide haben äußerst charmante Altstädte zu bieten. *C2*

BRAGANÇA

(G2) **Dieses sympathische Burgstädtchen (23 000 Ew.) liegt im ganz ursprünglichen Sinn des Worts „hinter den Bergen": Die wald- und wiesenreiche Hügelregion im äußersten Eck des Landes heißt tatsächlich Trás-os-Montes – entsprechend entspannt geht es hier im abgelegenen Nordosten zu.**

SIGHTSEEING

CIDADELA

Braganças Ursprünge liegen auf dem Burghügel etwas außerhalb des heutigen Zentrums. Hinter den mächtigen Burgmauern des fast kreisrunden Wehrkomplexes aus dem 12. Jh. verbirgt sich ein eigenes kleines, pittoreskes Städtchen. Es wird überragt vom 33 m hohen Burgturm. Neben der hübschen *Igreja de Santa Maria* kannst du Portugals ältestes und am besten erhaltenes romanisches Profangebäude bewundern: Im *Domus Municipalis* hielten die Stände der Stadt im 15. Jh. ihre Versammlungen ab. *1 Std.*

ESSEN & TRINKEN

O GEADAS

Die steinernen Wände schaffen ein rustikales Ambiente und trotzdem gibt es einen edlen Touch. Gegessen wird vorzügliche Regionalküche – vor allem Wild- und andere Fleischgerichte. Herzhaft und gut, begleitet von regionaler Weinauswahl. *So-Abend geschl.* | *Rua do Loreto* | *Tel. 273 32 44 13* | *Facebook* | *€€*

AUSGEHEN & FEIERN

Auch hinter den Bergen wird gefeiert – z. B. im chilligen Bierparadies *Craft & Draft (So geschl. | Rua Alexandre Herculano 59 | Facebook)* oder auf der lauschigen *Praça 16 (tgl. | Praça da Sé 16 | Facebook: pdezasseis).*

RUND UM BRAGANÇA

7 PARQUE NATURAL DE MONTESINHO

gut 15 km bis Vilarinho nordwestlich von Bragança/25 Min. über Carragosa

Du suchst absolute Ruhe, Abgeschiedenheit und einzigartige Naturlandschaften? In diesem Naturpark werden dir nicht viele Menschen begegnen – selbst auf den wunderschönen Wanderwegen ist selten etwas los. Hier ist es so einsam, dass es sogar noch Wölfe gibt! Das Schutzgebiet gehört zu den ursprünglichsten Landschaften Europas. Charakteristisch für die Landschaft sind Kastanien, Stein- und Korkeichen. Das Klima ist rau – nicht ohne Grund nennen die Einwohner ihre Heimat „Terra Fria". *F–G2*

INSIDER-TIPP
Tolle Natur – nur für dich!

8 MIRANDA DO DOURO

70 km südöstlich von Bragança/1 Std. über die N 122 und Ceadas in Spanien

Die historische Altstadt von Miranda (2100 Ew.) ist ebenso niedlich wie das Kuriosum der eigenen, offiziell anerkannten Sprache *mirandés,* doch noch imposanter ist die tief eingeschnittene Schlucht direkt nebenan. Sie gehört zum spanisch-portugiesischen *Parque Natural do Douro Internacional* und bietet mit ihren spektakulären, über 200 m hohen Steilwänden Steinadlern, Gänsegeiern und Schwarzstörchen eine Heimat. Schau sie dir an: Das solarbetriebene Lehrschiff der *Estação Biológica (europarques.com)* schippert dich über den Fluss. *H3*

INSIDER-TIPP
Vögel bestaunen in der Douro-Schlucht

SCHÖNER SCHLAFEN IN NORDPORTUGAL

ZURÜCK IN DIE 50ER!

Vintage pur! In über sechs Jahrzehnten hat sich im phantastischen Treppenhaus des *Pão de Açúcar (60 Zi. | Rua do Almada 262 | Tel. 2 22 00 24 25 | paodeacucarhotel.pt | €)* in Porto so manche Kuriosität angesammelt, darunter alte Tanksäulen oder Autoskooter. Die Zimmer sind geräumig und sauber, Lage und Preise unschlagbar.

IM VINHO-VERDE-PARADIES

Seit 30 (!) Generationen ist die *Casa de Sezim (8 Zi. | Rua de Sezim | Tel. 2 53 52 30 00 | sezim.pt | €€)* in *Santiago de Candoso* bei Guimarães der Stammsitz dieser Familie, die sich der Produktion von hochwertigem *vinho verde* widmet. Den schlürfst du auf der sensationellen Terrasse mit Blick über den Garten – ein Traum!

ZENTRAL-PORTUGAL

LAND DER BURGEN UND KLÖSTER

Eins ist sicher: Auch jenseits der portugiesischen Metropolen Lissabon und Porto wird es zwischen Bergen und Atlantik so schnell nicht langweilig, vor allem, wenn du Action in der Natur, altehrwürdige Burgorte und spannende Städte magst.
In Aveiro gondeln Boote über die fotogenen Kanäle, in Coimbra huschen Studenten in schwarzen Capes von Kneipe zu Kneipe, in Peniche tummeln sich Surfer aus aller Welt in den Wellen und in den Strandbars – an all diesen Orten hast du garantiert deinen (Ausgeh-)Spaß.

Schöner lernen, schöner lehren: Studis und Profs der Uni Coimbra haben's gut getroffen

Aber auch an kulturellen Highlights und Unesco-Welterbe-Monumenten mangelt es nicht im Zentrum des Landes: Ein Kloster ist eindrucksvoller als das nächste, Steinzeitler haben im Flusstal des Rio Côa Felsgemälde hinterlassen und auch die ein oder andere Burg solltest du unbedingt erklimmen. Apropos erklimmen: Da sind auch noch die tollen Gebirge der Region – die Naturlandschaften der *serras* sind ein Traum zum Wandern. Ob Kunst und Kultur oder Strände und Natur: In Zentralportugal findest du von allem etwas!

ZENTRALPORTUGAL
OCEANO
ATLÂNTICO
Penafiel
Marco de Canaveses
Cinfães
Castelo de Paiv
7 Passadiços do Paiva
Espinho
Arouca
Santa Maria da Feira
Ovar
Oliveira de Azeméis
Oliveira de Frades
Estarreja
Albergaria-a-Velha
Vouzela
Praia da Barra & Costa Nova 6
Aveiro S. 62
5 Ílhavo
Águeda
Vagos
Oliveira do Bairro
Tondela
Mira
8 Mata Nacional do Buçaco
Cantanhede
Barragem da Aguieira
Penacova
Coimbra S. 63
Buarcos
10 Figueira da Foz
9 Conímbriga
Lousã
Soure
Penela
195 km, 1 Std. 50 Min.
135 km, 1 Std. 20 Min.
110 km, 1 Std. 10 Min.
Ansião
Pedrógão Grande
Pombal
Monte Real
Marinha Grande
Alvaiázere
Leiria
Barragem de Castelo do Bode
Mosteiro de Santa Maria da Vitória
Ferreira do Zêze
Batalha 12
Fátima
15 16
17 Ourém
Convento de Cristo
Praia do Norte
Nazaré S. 69
13
Grutas da Moeda
18 Tomar
Castelo de Porto de Mós
Alcobaça 11
14 Grutas de Mira de Aire
Cabo Carvoeiro
Mosteiro de Santa Maria
20 Constância
Abrantes
19 Castelo de Almourol
Torres Novas
Benedita
Baleal
Peniche S. 76
22 Óbidos
Rio Maior
Dino Parque Lourinhã 21
23 Buddha Eden
Cadaval
Santarém 24
Ponte de Sor
Lourinhã
Almeirim
Cartaxo
20 km
12.43 mi
Torres Vedras
Azambuja
R. Tejo
A28
A41
A42
A11
A29
A32
IP5
A25
A17
A14
A1
A13
A8
A15

MARCO POLO HIGHLIGHTS

★ **COIMBRA**
Atmosphäre tanken in den Gassen der alten Universitätsstadt ➤ S. 63

★ **SERRA DA ESTRELA**
Natur pur im höchsten Gebirge Portugals ➤ S. 60

★ **MOSTEIRO DE SANTA MARIA IN ALCOBAÇA**
Faszinierende Gotik der Zisterzienser ➤ S. 71

★ **MOSTEIRO DE SANTA MARIA DA VITÓRIA IN BATALHA**
Dekorative Pracht bis in den letzten Winkel in Batalhas Kloster ➤ S. 71

★ **CONVENTO DE CRISTO IN TOMAR**
Spaziergang durch neun Kreuzgänge auf den Spuren der Christusritter ➤ S. 74

★ **GRUTAS DE MIRA DE AIRE**
Tropfsteinformationen in perfektem Licht ➤ S. 72

★ **CABO CARVOEIRO**
Bizarre Felsgebilde in Pfannkuchenform ➤ S. 76

★ **ÓBIDOS**
Dorfromantik mit wuchtigen Mauern und weißen Fassaden ➤ S. 78

GUARDA

(◫ F6) **Zwischen Spanien und der Serra da Estrela erhebt sich auf über 1000 m Höhe Portugals höchstgelegene und kühlste Stadt (27 000 Ew.) – etwas abseits der Haupttouristenrouten und gerade deshalb ein echtes Schätzchen.**

Schon im Mittelalter spielte Guarda wegen seiner Nähe zu Spanien eine wichtige strategische Rolle. Davon künden die Stadtmauern, die Wehrkathedrale sowie das Kastell mit der *Torre de Menagem*. In der sympathischen Altstadt sind viele Häuser noch aus hübschem Granit-Naturstein und auch in den idyllischen Burgdörfern der Umgebung weht ein mittelalterlicher Wind.

SIGHTSEEING

SÉ

Erhaben und wehrhaft liegt die Kathedrale aus dem 14.–16. Jh. mitten in der kleinen historischen Altstadt und wirkt nach heutigem Maßstab völlig überdimensioniert für eine Stadt dieser Größe. Auffällig im Innern sind die wuchtigen, im Mittelschiff zum Altarbereich hin verdrehten Säulen. Schau dir mal die Ostseite etwas genauer von außen an: Ein kleiner steinerner Hintern zeigt boshaft Richtung Spanien – er wurde als *Cú da Guarda* berühmt. *April–Okt. tgl. 10–13 und 14–17.30, Nov.–März 9.30–13 und 14–17 Uhr | ◷ 30 Min. inkl. Turmbesteigung*

INSIDER-TIPP
Spanien den Allerwertesten zeigen

ESSEN & TRINKEN

BELO HORIZONTE

Wenn der Staatspräsident nach Guarda kommt, isst er gern in diesem rustikalen Restaurant in der Altstadt, in dem die typischen deftigen Gerichte der Region wie geschmortes Zicklein mit großer Raffinesse zubereitet werden. Groß sind auch die Portionen, vor allem im Vergleich zu den niedrigen Preisen. Im Weinregal findest du eine riesige Auswahl an hervorragenden Weinen. *So-Abend und Mo geschl. | Largo de São Vicente 2 | Tel. 271211454 | restaurantebelohorizonte.com | €–€€*

RUND UM GUARDA

1 PARQUE ARQUEOLÓGICO DO VALE DO CÔA

gut 75 km nördlich von Guarda/1 Std. über die IP 2

Auf in die Steinzeit! Wiesengrün, Kiefern und Hügel säumen die Strecke ins von Weingärten, Oliven und Mandelbäumen umgebene *Vila Nova de Foz Côa*, das Sprungbrett für Touren in den nahen Archäologischen Park ist. Eine hervorragende Einführung ins Leben der Vorgeschichtler und in die Felskunst im Tal gibt das außerhalb gelegene *Museu do Côa (Di–So, April–Okt. auch Mo 9–17.30, März–Mai bis 18, Juni–Sept. bis 19 Uhr | Rua do Museu | Tel. 279768260 | arte-coa.pt | ◷ 1 Std.)*. Im dazugehörigen Restaurant kannst du bei bester Aussicht prima einkehren. Über das Museum läuft auch die (rechtzeitige!) Anmeldung für den eigentlichen Höhepunkt des Ausflugs: ein geführter Besuch einer der archäologischen Stätten. Die Tour zur *Canada do Inferno* z. B. dauert etwa zwei Stunden. Nach einer Fahrt im Jeep beginnt ein im Sommer ziemlich schweißtreibender Fußmarsch durch das Tal des Rio Côa zu den ungeschützten Felsplatten. Die zarten, teilweise erst mithilfe der Guides erkennbaren Auerochsen-, Ziegen- und Pferdegemälde der Altsteinzeitler zählen zum Welterbe der Unesco. Ohne Guide dürfen die wertvollen Funde nicht besucht werden, denn es gab in der Vergangenheit schon zu viele Witzbolde, die sich neben ihren „Vorfahren" verewigt haben. Eine echte Besonderheit, für die du dich aber noch rechtzeitiger anmelden musst, ist ein nächtlicher Besuch der uralten Felsritzungen – vor allem bei Vollmond ein einmaliges Erlebnis! 🕮 F5

INSIDER-TIPP
Steinzeitkunst nach Sonnenuntergang

2 BELMONTE

30 km südlich von Guarda/30 Min. über die A 23

Das malerische Burgstädtchen (3600 Ew.) leistete seinen Beitrag zur Weltgeschichte in der Person des portugiesischen Brasilienentdeckers Pedro Álvares Cabral (um 1468–1520). Er begegnet dir hier als Statue und in der Familiengruft *Panteão dos Cabrais)* in der romanischen *Igreja de Santiago (Di–So 9.30–13 und 14.30–17.30 Uhr).* Auch das interaktive *Museu dos Descobrimentos (Di–So 9.30–13 und 14.30*

Jüdisches Museum Belmonte: Seit dem Mittelalter gibt es hier eine jüdische Gemeinschaft

–17.30 Uhr | Rua Pedro Álvares Cabral) thematisiert u. a. die Entdeckung Brasiliens. Belmonte ist auch für seine jüdische Gemeinschaft bekannt, die heute etwa 110 Menschen umfasst. Im historischen Judenviertel liegt die Synagoge, im Ortskern das *Jüdische Museum (Di–So 9.30–13 und 14.30–17.30 Uhr | Rua da Portela 4).* F7

3 SERRA DA ESTRELA ★

75 km bis zum Torre südwestlich von Guarda/1 Std. 20 Min. über die A 23 und Covilhã

Direkt neben Guarda beginnt der Parque Natural da Serra da Estrela. Das „Sterngebirge" ist mit dem 1993 m hohen Torre Portugals höchste Erhebung, zumindest auf dem Festland. Die raue Landschaft mit ihren abgerundeten Granitfelsen, idyllisch gelegenen Bergstauseen und grünen Tälern steht aus gutem Grund unter Schutz. In der warmen Jahreszeit kannst du die wundervolle Natur auf vielen verschiedenen, teilweise gut markierten Wanderungen durchstreifen, danach sorgen grandiose Flussbadestellen für Erfrischung. Besonders malerisch ist die über mehrere Stufen in ein Tal eingebettete *Praia Fluvial de Loriga* 18 km südlich von Seia. Zwischen riesigen, rundgespülten Felskugeln lässt es sich in diesem einst von einem Gletscher geformten Tal wunderbar baden – auch wenn das Wasser selbst im Sommer ziemlich frisch ist. Im Winter ist am Hang des Torre sogar Skisport möglich. Die lauschigste Ortschaft im Gebirge ist *Manteigas* im einstigen Gletschertal des Rio Zêzere, durch das ein phantastischer Wanderweg führt. Ab Manteigas ist eine kurven- und aussichtsreiche Bergstraße Richtung Seia ausgeschildert.

INSIDER-TIPP
Baden im Bergwasser

An den Südostausläufern des Gebirges liegt *Covilhã* (18 000 Ew.), das nicht nur über eine beeindruckende Street-Art-Szene verfügt, sondern auch über eine landesweit renommierte Hochschule. Das von der Uni betriebene *Museu de Lanifícios* (s. S. 130) erinnert an die Geschichte der Wollindustrie – einst der wichtigste Wirtschaftszweig der Stadt. Noch immer findet man in der Serra da Estrela tolle Schafs- und Ziegenprodukte, vor allem den köstlichen Bergkäse *queijo da serra*. Überraschend gute Einkaufsmöglichkeiten dieser und anderer re-

Eine Hommage an die Geometrie: Heckenmosaik in Castelo Brancos Jardim do Paço

gionaler Produkte hast du oben auf dem Torre oder am Stausee Lagoa Comprida. *E-F 6-7*

4 CASTELO BRANCO

100 km südlich von Guarda/1¼ Std über die A23

An dem etwas verschlafen wirkenden Provinzhauptstädtchen (35 000 Ew.) rauschen viele vorbei, dabei bietet es so manche Besonderheit. In den Gassen der Altstadt findest du mehr als 300 gotische und manuelinische Türbögen aus dem 16. Jh., mehr als in jeder anderen portugiesischen Stadt, und von den Ruinen der einstigen *Templerburg* hast du eine tolle Aussicht.

Dem wunderschönen Park *Jardim do Paço (tgl. 9–17, Sommer bis 19 Uhr)* solltest du unbedingt einen Besuch abstatten: Der mit Orangenbäumchen und gepflegten Hecken durchsetzte Bischofsgarten, der von schmalen Wegen durchzogen wird, hat seinen Ursprung im 18. Jh. Zu seinem Charme tragen zahlreiche kleine Wasserspiele, Kachelbilder und die von Skulpturen gesäumten Königs- und Aposteltreppen bei.

Du stehst eher auf Kubismus und Pop-Art? Im Fokus des *Museu Cargaleiro (Di–So 10–13 und 14–18 Uhr | Rua dos Cavaleiros 23 | fundacaomanuelcargaleiro.pt)* stehen farbkräftige, ausdrucksstarke Arbeiten des 1927 hier geborenen Malers und Keramikkünstlers Manuel Cargaleiro. Gut einkehren und am Abend ausgehen kannst du in den Lokalen der sogenannten Tro-

Pflichtprogramm in Aveiro: eine Fahrt mit einem der bunten *moliceiros*

ckendocks *(docas secas)* am Rand des großen Platzes zwischen Rathaus und Kulturzentrum. *F8*

AVEIRO

(C6) **Wenn du dich auf einem der bunten *moliceiros*, der Boote der Seetangsammler, über die Kanäle der 55 000-Ew.-Stadt schippern lässt, kann schon ein bisschen Venedig-Flair aufkommen! Aveiros Lebensader war immer die riesige Ria de Aveiro, eine Brackwasserlandschaft, die Fischfang, Salz- und Tanggewinnung ermöglicht.**

Hinter dem Jardim do Rossio versteckt sich die kleine Altstadt mit ihren Fischerhäusern und der fotogenen Hafenbeckenidylle am historischen Fischmarkt. Über die Fußgängerzone südlich der Praça da República gelangst du zum einstigen Dominikanerkloster, in dem sich jetzt ein Museum mit sakraler Kunst und dem aufwendigen Barockgrabmal der 1490 verstorbenen Prinzessin Joana befindet.

SIGHTSEEING

MUSEU ARTE NOVA

Aveiro ist *die* Jugendstilstadt, wie du an zahlreichen Fassaden, vor allem entlang der Rua João Mendoça, bewundern kannst. In einem dieser Gebäude ist ein kleines Museum zu dieser kunstgeschichtlichen Epoche untergebracht. Das Highlight ist der lauschige Garten der *Casa de Chá Arte Nova* im Erdgeschoss: tagsüber ein chilliges Teehaus, abends eine der besten Bars der Stadt. *Di–So 10–12.30 und 13.30–18 Uhr | Rua Barbosa Magalhães 9–11 | mca.cm-aveiro.pt*

INSIDER-TIPP
Auf einen Drink ins Jugendstil-Teehaus

ESSEN & TRINKEN

SALPOENTE

Küchenchef Duarte Eira liebt Gourmetexperimente, vor allem seine *Bacalhau*-Kreationen sind spektakulär. Der Service ist exzellent, das Ambiente speziell: Das Spitzenrestaurant wurde an der Stelle zweier vormaliger Salzlager eingerichtet. *Tgl. | Canal São Roque 83 | Tel. 2 34 38 26 74 | salpoente.pt | €€€*

RUND UM AVEIRO

5 ÍLHAVO

6 km südlich von Aveiro/15 Min. über die N 109

Dieses Fischerstädtchen lockt mit einem interessanten Meereskundemuseum: Das *Museu Marítimo (Di–Sa 10–13 und 14–18, So 14–18 Uhr | Av. Dr. Rocha Madahíl | museumaritimo.cm-ilhavo.pt)* zeigt nachgebaute Bootsteile eines historischen Kabeljaufängers, typische Boote der Ria und ein Kabeljauaquarium. *C6*

6 PRAIA DA BARRA & COSTA NOVA

11 km bis Costa Nova westlich von Aveiro/15 Min. über die A 25

Der nächste Strand ist die 9 km westlich gelegene *Praia da Barra.* Es lohnt sich jedoch, noch ein Stück weiter Richtung Süden nach *Costa Nova* zu fahren, da sich auf der Kanalseite ein malerischer Fischerhafen mit bunt gestreiften Holzhäusern befindet. *C6*

7 PASSADIÇOS DO PAIVA

80 km nordöstlich von Aveiro/1 Std. 40 Min. über Carregosa und Arouca

Die Kurverei in die Gegend von Arouca lohnt sich, denn hier erwartet dich eine grandiose, 8 km lange Wanderstrecke über Holzstege und -treppen durchs phänomenale Paivatal. Den Wanderschweiß kannst du dann an einer der Flussbadestellen wieder abspülen! Im Preis für die Wanderung enthalten ist der Eintritt für eine der längsten Fußgänger-Hängebrücken der Welt, ein spektakuläres Bauwerk 175 m über dem Rio Paiva *(516arouca.pt).* Achtung: nur mit Voranmeldung auf *passadicosdopaiva.pt! D5*

INSIDER-TIPP
Pack die Badesachen ein!

COIMBRA

(C7) **Gleich kommt Harry Potter um die Ecke! Wenn du ★ Coimbras viele Studenten in ihren traditionellen schwarzen Umhängen, den *capas,* rund um die altehrwürdige Universität und durch die steilen Gassen der Altstadt huschen siehst, würde es dich nicht wundern.**

Coimbra (141 000 Ew.) ist *die* Studentenstadt Portugals, hier dreht sich alles um die Uni, Vorlesungen sind ebenso gut besucht wie Cafés und Kneipen. Und wenn im Mai die *Queima das Fitas* stattfindet, das ausgelassenste aller Studentenfeste, steht die Stadt kopf. Coimbras *fadistas* schmettern Serenaden vor der Kathedrale

WOHIN ZUERST?

Largo da Portagem: Park gegenüber der City und überquer die Brücke Santa Clara. Hier ist der beste Einstieg in die Altstadt, um weiter bis zur Praça do Comércio und Praça 8 de Maio mit der Kirche Santa Cruz zu bummeln. Nun gehts hinauf zur Kathedrale und zur Universität. Einkehren kannst du prima in der Unterstadt.

Thronsaal? Kaiserliches Prunkgemach? Ach was: bloß die Unibibliothek

und unten am Rio Mondego steigen fetzige Rockkonzerte. Überhaupt, dieser romantische Rio Mondego: Hier spazieren an den lauen Abenden die Verliebten – schließlich ist Coimbra für die Portugiesen auch die Stadt der Liebe.

SIGHTSEEING

IGREJA DO MOSTEIRO DE SANTA CRUZ

Auch wenn du dich nicht für Kirchen interessierst: Diese lohnt einen Besuch, allein schon weil sich hier die Königsgräber der zwei ersten portugiesischen Herrscher befinden. Die Ursprünge der einst romanischen Klosterkirche an der zentralen Praça 8 de Maio gehen bis ins 12.Jh zurück. Heute kannst du eine pompöse Orgel und hübsche Azulejos bewundern. *Mo–Sa 11.30–16.30, So 14–17Uhr* | *45 Min.*

SÉ VELHA

Fast wie eine Festung erhebt sich die zinnenbesetzte Alte Kathedrale aus dem 12. Jh. auf halber Höhe des Altstadthügels, umgeben von einem Schachtelwerk an Häusern. Im Innern fallen die alten Azulejos, Weihwasserbecken in Form von Muschelschalen und der spätgotische Hauptaltar auf. Im Eintritt inbegriffen ist der gotische Kreuzgang aus dem 13. Jh. *Mo–Sa 10–18, So 11–17 Uhr* | *20 Min.*

MUSEU NACIONAL DE MACHADO DE CASTRO

Was für eine Fülle an wertvollen Skulpturen, Azulejos, Möbeln und Elfenbeinschnitzereien! Auch viele religiöse Exponate sind zu bewundern. Das Highlight ist der Kryptoportikus, ein Labyrinth römischer Gewölbegänge im untersten Stockwerk.

INSIDER-TIPP
Abstieg in die Römerzeit

Wieder in der Gegenwart, kannst du prima eine Pause auf der aussichtsreichen Terrasse des Museumsrestaurants einlegen. *Di–So 10–18 Uhr | Largo Doutor José Rodrigues | museumachadocastro.pt | ⏲ 1½ Std.*

UNIVERSIDADE

Wo sonst die Königsburgen auf den Hügeln thronen, erhebt sich über Coimbra die Universität. Diese 1-a-Lage verdankt sie König João III., der den Königspalast 1537 endgültig der Lehranstalt überließ, nachdem der Sitz der Uni seit deren Gründung 1290 mehrmals zwischen Lissabon und Coimbra gewechselt hatte. Seither haben einige der klügsten Köpfe des Landes hier studiert. Wahrzeichen ist der Barockturm, vor dem ein großer Freiplatz liegt. Von hier aus kann man bis ins grüne Umland und auf den Rio Mondego blicken. Während das Studentenleben seinen gewohnten Lauf nimmt, führt der Rundgang die Besucher in verschiedene Bereiche und Winkel der Hochschule. Prächtig dekoriert ist der große Festsaal *(Sala dos Capelos)*, in dem bis heute die Doktorandenprüfungen stattfinden. Vom Balkon hinter der sich anschließenden *Sala do Exame Privado* hast du eine phänomenale Aussicht über Coimbra. Auf einer anderen Hofseite liegt der Zugang zu zwei barocken Schmuckstücken aus dem 18. Jh.: zur vollständig gekachelten *Capela São Miguel* sowie zur pompösen *Biblioteca Joanina* mit goldenen Dekors, Emporen und meterhohen Bücherregalen, hinter denen eine Fledermauskolonie lebt, die nachts die wertvollen

Werke von Bücherwürmern und anderen Plagen befreit. *Tgl. 9–13 und 14–17 Uhr | Largo da Porta Férrea | visit.uc.pt | 1 Std., mit Naturhistorischer Sammlung 2 Std.*

MOSTEIRO DE SANTA CLARA-A-VELHA

Die phantastische Lage am südlichen Ufer des Mondego wurde dem Klarissenkloster aus dem 13. Jh. zum Verhängnis: Es sackte immer tiefer in den sumpfigen Boden, bis die Nonnen es im 17. Jh. aufgaben und in das „neue" Santa-Clara-Kloster etwas oberhalb umzogen. Die restaurierten Ruinen bewahrt man nun vor weiterem Absinken – und so kannst du die gotische Anlage heute besichtigen. *Tgl. 10–17, April–Okt. bis 18 Uhr | Rua das Parreiras | 1 Std.*

ESSEN & TRINKEN

DOM ESPETO

Hier brauchst du keine Angst zu haben, dass du nicht satt wirst – die Portionen sind riesig! In dem gemütlichen Lokal in einer Altstadtgasse werden typisch portugiesische Fleisch- und Fischgerichte serviert, und das zu absolut fairen Preisen. *So geschl. | Rua da Sota 35 | Tel. 239840002 | €–€€*

DUX TABERNA URBANA

Würdest du in Coimbra studieren, wäre das wohl das Restaurant, wo du mit deinen Eltern hingingest, wenn diese zu Besuch kommen. Hier kann man nichts falsch machen: guter Wein, gute, typische *petiscos* aus der Region zum Durchprobieren, und das alles in angenehmer, fast schon loungiger Atmosphäre. *Tgl. | Rua Doutor Manuel Rodrigues 39 | Tel. 239093723 | duxrestaurante.com | €–€€*

SHOPPEN

Im Umkreis der Praça do Comércio findest du schöne Gassen zum Bummeln und Einkaufen. *Mercadinho do Botânico* heißt ein kleiner Markt mit ökologischen Produkten, der samstagvormittags – allerdings abhängig vom Wetter – im Botanischen Garten stattfindet. *Facebook*

SPORT & SPASS

Ein Highlight für Kinder ist der Besuch von *Portugal dos Pequenitos (tgl. 10–17, März–Mitte Okt. bis 19 Uhr | Rossio de Santa Clara | portugaldospequenitos.pt)*, einem Themenpark, in dem die portugiesische Geschichte spielerisch erkundet werden kann. Wunderbar spazieren oder joggen kannst du im Naherholungsgebiet *Choupal* etwa 1 km flussabwärts des Zentrums. Zu Bootstouren auf dem Mondego startet *O Basófias (ab den zentrumsnahen Cais do Parque Dr. Manuel Braga | Tel. 969830664 | odabarca.com).*

INSIDER-TIPP
Naturparcours am Fluss

WELLNESS

QUINTA DAS LAGRIMAS

Auch wenn du nicht in diesem Luxushotel wohnst, darfst du dir hier einen tiefenentspannenden Tag gönnen. Total romantisch, aber irgendwie auch tragisch, dieser „Herrensitz der Tränen" aus dem 18. Jh., denn der einstige Jagdwald, der die *quinta* umgibt, wurde Mitte des 14. Jhs. zum Schauplatz des dramatischen Mords an Inês de Castro. Sie war die Geliebte von Thronfolger Pedro, sein Vater, König Afonso IV, ließ sie wegen angeblichen Hochverrats enthaupten. Wenn dir diese Lovestory nicht zu traurig ist, genieß den verwunschenen Park mit seiner „Liebesquelle" und der „Tränenquelle" und lass dich im *Bamboo Garden Spa (tgl. 10–19 Uhr | Rua António Augusto Gonçalves | Tel. 2 39 80 23 99 | quintadaslagrimas.pt)* mit Hallenbad, Fitnesssaal, Sauna, Dampfbad und einem sensationellen Massageangebot verwöhnen.

AUSGEHEN & FEIERN

In den Kneipen im Bereich der Praça da República ist abends am meisten los. Eines der stimmungsvollsten Fadolokale in Portugal ist das *À Capella (Rua Corpo de Deus | Tel. 2 39 83 39 85 | Facebook)*. Da der Platz begrenzt ist, unbedingt reservieren! Ein guter Treff außerhalb des historischen Viertels ist die Cafébar *Galeria Santa Clara (Rua António Augusto Gonçalves 67 | Facebook)*, die fast an die Mauer des alten Klosterkomplexes Santa Clara-a-Velha stößt: nette Terrasse, gelegentlich

Na klar: In einer Unistadt ist auch spätabends noch Leben auf den Straßen

Livemusik, DJs und Ausstellungen. Weitere Treffpunkte sind das Fadolokal *Diligência Bar (Rua Nova 30 | Facebook)* und *Bigorna Bar (Rua Borges Carneiro 9 | Facebook)*.

RUND UM COIMBRA

8 MATA NACIONAL DO BUÇACO

30 km nördlich von Coimbra/45 Min. über Mealhada und die N 234

Ein Paradies für Wander- und Botanikfreaks, dieser wildromantische Waldpark mit seinen riesigen Bäumen, die hier vor Jahrhunderten von Mönchen angepflanzt wurden. Der 1885 erbaute einstige Königspalast beherbergt das feudale *Bussaco Palace Hotel (Tel. 231937970 | bussacopalace.com | €€€)*, in dem du nach einer Wanderrunde hinauf zur aussichtsreichen Cruz Alta oder entlang des einstigen Kreuzwegs zum edlen Dinner oder zur *tea time* einkehren kannst. *C7*

INSIDER-TIPP
Wanderung im Märchenpark

9 CONÍMBRIGA

18 km südwestlich von Coimbra/ 20 Min. über die N 1

Wie wär's mit einer Reise in die Römerzeit? Conímbriga war damals eine bedeutende Stadt mit Forum, Thermen, Residenzen, Amphitheater und reich-

Mal Tee trinken oder zu Abend essen in einem Königspalast? Dann ab ins Bussaco Palace Hotel!

lich Mosaikzier. Ihr Untergang setzte im 5.Jh. mit den Eroberungszügen der Sueben ein. Zur Ausgrabungsstätte bei Condeixa-a-Velha gehört ein kleines Museum. *Tgl. 10–18 Uhr | conimbriga.gov.pt | ⏲ 1½ Std. | ▯ C8*

10 FIGUEIRA DA FOZ

60 km westlich von Coimbra/45 Min. über die A 14

Vamos à praia! Das an der Mündung des Mondego gelegene Figueira da Foz (29 000 Ew.) ist *die* Strandadresse der Region mit herrlich weiten Stränden, Nightlife sowie im Sommer großem Wassersportangebot. Lass dich von den hässlichen Betonklötzen nicht abschrecken – die Strandweiten, die bis nach Buarcos reichen, entschädigen für alles. *Buarcos* ist noch ein alter, typisch portugiesischer Fischerort; hier kannst du nach dem (Sonnen-)Baden am feinen Sandstrand in einem der rustikalen Fischrestaurants einkehren. *▯ B7*

NAZARÉ

(▯ B9) **Hier dreht sich alles ums Meer! Am riesigen Sandstrand tummeln sich im Sommer die Badenixen, in den Riesenwellen der Praia do Norte im Winter die Big-Wave-Surfer und im Hafen zu jeder Zeit im Jahr die Fischer.**

Die spielen in dem sympathischen Küstenstädtchen (10 000 Ew.) auch im 21.Jh. noch eine Rolle – allein schon, weil die Strandtouristen allabendlich in den vielen Lokalen der Altstadt frischen Fisch bestellen, der ist hier einfach besonders gut. Bis Ende des 18.Jhs. gab es in Strandnähe nur Fischerschuppen, die Menschen lebten oben in *Sítio,* dem historischen Dorfkern hoch über dem Strand. Hinauf kommt man über den steilen Fußweg oder – wenn sie nicht gerade mal wieder repariert wird – mit der 1889 eröffneten Standseilbahn, dem *ascensor.*

SIGHTSEEING

SÍTIO

Spektakulär liegt die Oberstadt auf den Klippen in über 100 m Höhe und zieht Besucher auf die weit ausgreifende Esplanade *Largo de Nossa Senhora de Nazaré.* Ein Panoramapunkt erlaubt dort einen weiten Blick über den Hauptstrand, den Hafen und das Hinterland mit seinen sanften Hügeln. Schöne Aussichten hat man auch ein Stück unterhalb beim *Leuchtturm (farol),* den man motorisiert oder zu Fuß erreicht. Ab dort führt ein Weg hinab an die *Praia do Norte.*

ESSEN & TRINKEN

ROSA DOS VENTOS

Das heimelige Fischrestaurant ist ein gutes Beispiel dafür, wie hervorragend man in Nazaré frischen Fisch essen kann. Dir werden die Fänge gezeigt, die Bedienung erklärt dir die Arten, du kannst direkt von der Platte wählen. Ab auf den Holzkohlegrill, serviert mit Kartoffeln und Salat – fertig. Einfach, aber gut! *Do geschl. | Rua Gil Vicente 88 | Tel. 9 10 20 02 04 | €€*

PANGEIA

Elegant und stilvoll, aber nicht abgehoben präsentiert sich dieses edle Restaurant mit seinen Panoramafenstern hoch über der Stadt im Stadtteil Pederneira. Das Meisterstück der Küche ist der phantastische Oktopus, aber auch andere Meerestiere werden hier köstlich zubereitet. Ach ja, und leckere Cocktails gibts auch, z.B. den tropischen Pangeia Special – ein Traum! *So-Abend und Mo geschl. | Rua Abel da Silva 50 | Tel. 917934726 | pangeiarestaurante.com | €€*

INSIDER-TIPP
Sundowner mit Aussicht

STRÄNDE

Nazarés Strände sind sehr unterschiedlich: Ca. 1,5 km lang ist der städtische Hauptstrand mit einer Überfülle an Restaurants und Cafés dahinter. Nördlich des Felsmassivs liegt die wildere, einsamere *Praia do Norte*. Im Sommer ist der weitläufige Nordstrand manchmal auch zum Baden geeignet – und wenn nicht, lässt du dich von den Kräften der Natur (und dem Können der Surfer) faszinieren. Im Herbst und Winter gibt es vor dem leuchtturmbesetzten Kap regelrechte Monsterwellen, über die sich Big-Wave-Surfer und Zuschauer freuen.

SPORT & SPASS

Du willst surfen oder bodyboarden? Unterricht und Leihboards gibts in der *Nazaré Surf School (Av. da República | Tel. 916386907 | nazaresurfschool.pt).*

AUSGEHEN & FEIERN

Lebhaft geht es bis in den späten Abend um die Praça Souza Oliveira zu.

So still zeigt sich der Ozean selten: Nazarés Strände sind nicht umsonst bei Surfern beliebt

RUND UM NAZARÉ

11 ALCOBAÇA

12 km südöstlich von Nazaré/20 Min.

Die von Obstwiesen umgebene Kleinstadt steht ganz im Zeichen des ★ *Mosteiro de Santa Maria (tgl. 9–18, April–Sept. bis 19 Uhr | mosteiroalcobaca.pt | 1 Std.),* einer ehemaligen Zisterzienserabtei, die 1153 von Portugals erstem König Afonso Henriques gegründet wurde und heute zum Unesco-Welterbe zählt. Wie ein leuchtender Tunnel zum Himmel erscheint die mehr als 100 m lange, gratis zu besichtigende *Hallenkirche,* in der sich die prächtig verzierten Grabstätten von König Dom Pedro und Inês de Castro befinden, den Hauptfiguren einer tragischen Lovestory aus dem Spätmittelalter. Höhepunkte des Klosterrundgangs sind der Königssaal, der doppelstöckige Kreuzgang und die Küche mit Azulejos sowie einem riesigen Rauchabzug. Im äußeren Bereich zeigt die Hauptfassade in monumentaler Breite von 220 m zur *Praça 25 de Abril,* wo man sich vor oder nach der Besichtigungstour auf Caféterrassen niederlassen kann. Wer Süßes liebt, deckt sich mit den *pastéis de nata* der *Pastelaria Alcôa (Praça 25 de Abril 43–45)* ein. Wenn du dir auch die Klöster von Batalha und Tomar anschauen willst, solltest du unbedingt ein Kombiticket kaufen. B9

INSIDER-TIPP
Preisgekrönte Sahnetörtchen

12 BATALHA

33 km nordöstlich von Nazaré/30 Min. über die IC 9 und IC 2

Batalhas Dreh- und Angelpunkt ist das monumentale ★ *Mosteiro de Santa Maria da Vitória (tgl. 9–18, April–Okt. bis 18.30 Uhr | mosteirobatalha.pt | 1 Std.).* Das ehemalige Dominikanerkloster ließ König João I. in Dankbarkeit für den Sieg über die Kastilier bei der Schlacht von Aljubarrota (1385) errichten. Die Arbeiten zogen sich bis ins 16. Jh. und vereinten Gotik, manuelinische Elemente und Einflüsse der Renaissance.

Beim Rundgang folgt ein Höhepunkt auf den anderen: das Figurenportal, die Kirche mit ihren bunten Glasfenstern, der nach João I. benannte Kreuzgang mit seinem Maßwerk. Ein separater Zugang führt in die *Unvollendeten Kapellen (Capelas Imperfeitas),* deren Schnörkeldetails denen im Hauptbau in nichts nachstehen. Der Kunstgenuss lässt sich anschließend in einem der Cafés am Vorplatz verdauen. *B9*

13 CASTELO DE PORTO DE MÓS

30 km östlich von Nazaré/30 Min. über die IC 9 und IC 2

Wie Spitzhüte sitzen die Abdeckungen auf den Haupttürmen der mittelalterlichen Burg, die teils stark restauriert wurde, teils in Ruinen liegt. 1148 wurde der Festungshügel unter Portugals König Afonso Henriques aus maurischer Hand erobert, zwei Jahrhunderte später bekam die Anlage den Charakter eines Palasts. Von den Türmen aus reicht der Blick über eine Patchwork-Landschaft aus Wiesen, Hügeln und weißen Häusern. *Di–So 10–12.30 und 14–17.30, Mai–Sept. bis 18.30 Uhr | B9*

14 GRUTAS DE MIRA DE AIRE ★

45 km östlich von Nazaré/50 Min. über Porto de Mós

Das Naturwunder ist effektvoll in Szene gesetzt: mit 3000 Lampen, plätschernden Wassereffekten und der Auffahrt im Aufzug am Ende. Bis dahin ist man 110 m tief in die Höhle hinabgestiegen, vorbei an Galerien, Zaubervorhängen und speerspitzengleichen Stalaktiten. Einen schwindelerregenden Anblick bietet die Totale des Hauptsaals, der sich kurz hinter dem Eingang wie ein riesiger Schlund öffnet. Die Mischung aus blauen, grünen, gelben, roten und orangefarbenen Lichtquellen verleiht der Tropfsteinszenerie eine spezielle Aura.

Forscher haben bis heute ein unterirdisches Gangsystem von 11 km Länge entdeckt; bei den etwa 45-minütigen Führungen nehmen Besucher allerdings nur einen kleinen Abschnitt in Angriff. *Tgl. 9.30–17.30, April/Mai bis 18, Juni und Sept. bis 19, Juli/Aug. bis 19.30 Uhr | grutasmiradaire.com | 1 Std. | C9*

15 GRUTAS DA MOEDA

42 km östlich von Nazaré/50 Min. über Porto de Mós und São Mamede

1971 gelangten zwei Jäger erstmals in die Tropfsteinhöhlen 45 m tief unter der Erdoberfläche. Heute gestatten Gänge und Treppen einen bequemen Besuch, bei dem die Steinformationen die Phantasie anregen. Ist es nicht ein Krokodilkopf, der da aus dem Wasser ragt? Gleicht das Schichtwerk dort hinten nicht einer Hochzeitstorte? Einfach phantastisch sind der Saal der „Unvollendeten Kapellen" und der kristallklare „Tränensee". *Mitte März–Mitte Juli und Mitte Sept.–Mitte Okt. tgl. 9–18, Mitte Juli–Mitte Sept. 9–19, Mitte Okt.–Mitte März 9–17 Uhr | grutasmoeda.com | C9*

16 FÁTIMA

62 km östlich von Nazaré/45 Min. über die A 8 und A 1

Was für ein Wunder-voller Ort! Egal ob du gläubig bist oder nicht, dieser Marienwallfahrtsort (13 000 Ew.) ist einfach beeindruckend. Allein die Dimensionen! Ein Kirchplatz, größer als der Petersplatz in Rom, eine moderne Riesenkirche, in der 9000 Besucher Platz finden, Tausende Kerzen, die Tag für Tag verkauft und angezündet werden. Ein Wallfahrtsspektakel sondergleichen, vor allem am 13. Mai, dem Tag der Erscheinung 1917. Damals, so die Legende, erschien die Jungfrau Maria ab Mai sechsmal drei Hirtenkindern und teilte ihnen die sogenannten Geheimnisse von Fátima mit. Heute kommt regelmäßig ein Papst vorbei und jährlich strömen über 5 Mio. Besucher in den Ort. Kommerz und Glaube gehen Hand in Hand: Es gibt mehr Gästebetten als Einwohner, Souvenirshops bersten vor Madonnen im Kleinformat und Gebetsanliegen kannst du inzwischen auch an *pedidos@fatima.pt* schicken.

INSIDER-TIPP Fürbitten per E-Mail

Exakt an jener Stelle des Talgrunds Cova da Iría, an der die Muttergottes erschienen sein soll, wurde 1919 eine erste Kapelle erbaut. Diese inzwischen in einen größeren Komplex integrierte *Capelinha das Aparições (Erscheinungskapelle)* ist bis heute das Herzstück von Fátima, auch wenn sie im Vergleich zu den Folgekirchen winzig ist. Alle Pilger nähern sich ehrfurchtsvoll der Marienskulptur neben dieser Kapelle, viele sogar auf Knien. Am nordöstlichen Ende des Platzes erhebt sich die 1953 geweihte *Basílica do Rosário* mit ihrem 65 m hohen Turm und den Grabstellen von zwei der Hirtenkinder. Als auch diese Kirche zu klein wurde, entstand 2007 die gigantische *Basílica da Santíssima Trindade*. Der 125 m breite Rundbau ist frei von tragenden Elementen, sodass der Altarraum mit dem 500 m² großen, golden schimmernden Mosaik und dem scheinbar fröhlichen und daher nicht unumstrittenen Bronzechristus am Kreuz aus jedem Winkel im Blickfeld bleibt.

Eindrucksvoll auch für Nichtgläubige ist die Lichterprozession in Fátima

Einiges schmeckt nach Massenabfertigung in Fátima, viele Möglichkeiten zur Einkehr bieten sich rund um die Fußgängerzone zu Beginn der *Rua Jacinta Marto*. Portugiesische Gerichte tischt das Restaurant *Tia Alice (So-Abend und Mo geschl. | Rua do Adro 152 | Tel. 249531737 | Facebook | €€)* auf. C9

17 OURÉM

57 km östlich von Nazaré/50 Min. über die IC 9

Ourém (12 000 Ew.) gibt es doppelt: als glanzloses neues Ourém und als altes Ourém, das sich reizvoll über einen Berghang zieht und heute nur noch von einigen Dutzend Menschen bewohnt wird. Dort verhallen die Schritte in den Gassen, an Aussichtspunkten schweift der Blick über das grüne, von Dörfern durchzogene Umland. Pranger, Stadttore, Stiftskirche und die Krypta mit dem gotischen Grabmal für Graf Afonso bezeugen die lange Geschichte. Höhepunkt ist die mittelalterliche Festungsanlage auf dem Hügel. An den obersten Teil der Wehrmauern grenzt der Freiplatz *Terreiro de Santiago* mit Wiesen und Bänken – ideal für eine mittelalterliche Brotzeit! C9

INSIDER-TIPP
Burgpicknick mit toller Aussicht

18 TOMAR

77 km östlich von Nazaré/1 Std. über die IC 9

Auf dem Hügel über Tomar (17 000 Ew.) erhebt sich mit dem ★ *Convento de Cristo (tgl. 9–17.30, Juni–Sept. bis 18.30 Uhr | conventocristo.pt | 1½ Std.)* eine spektakuläre und zu Recht von der Unesco zum Welterbe erklärte Burg. Die Anlage ist neben der Burg von Ponferrada in Spanien das einzige erhaltene Bauwerk der Tempelritter. Es entstand nach der Reconquista, bei der die Templer fleißig mitgeholfen hatten. Als Dank bekamen sie große Gebiete unter ihre Obhut, ihre Kommandozentrale wurde die Burg von Tomar, die sie ab 1160 bauten. Nach der vom französischen König Philipp IV. initiierten und von Papst Clemens V. im Jahr 1312 veranlassten Auflösung des inzwischen sehr mächtigen Ordens ließ der weitsichtige König Dom Dinis die Templer für ein paar Jahre untertauchen, um sie 1319 als Christusritter weiterleben zu lassen. Ein galanter Etikettenschwindel – nur der Name änderte sich.

Hinter den Mauern, an den gepflegten Garten grenzend, entstand über die Jahrhunderte ein verwinkelter Komplex mit Kreuzgängen, Treppen, langen Fluren und beeindruckendem manuelinischem Dekor, allem voran das üppig gestaltete manuelinische Fenster des Kapitelsaals. Absoluter Höhepunkt ist die bunt bemalte, fast byzantinisch anmutende Templerkirche mit ihrem achteckigen Zentralraum, der im 16. Jh. unter König Manuel zum Altarraum seiner manuelinischen Klosterkirche wurde.

Mittelpunkt des gefälligen Städtchens am Rio Nabão ist die *Praça da República*, grüne Lunge der schöne Stadtwald *Mata Nacional dos Sete Montes (tgl. 8.30–17.30, April–Okt. bis 19.30 Uhr)*. Östlich von Tomar erstreckt sich ein

Halb Kloster, halb Burg: Kreuzgang im Convento de Cristo in Tomar

großes Stauseengebiet; die *Barragem do Castelo do Bode* ist mit einer Länge von 60 km eines der größten künstlichen Gewässer im Südwesten Europas. Einen tollen Eindruck und eine super Badegelegenheit bekommst du im halb gefluteten Dorf *Dornes* gut 25 km nördlich von Tomar. 🕮 C9

INSIDER-TIPP
Rein in den See!

19 CASTELO DE ALMOUROL

82 km östlich von Nazaré/ 1 Std. 20 Min. über Porto de Mós und die A23

Ihre Lage auf Felsmassen auf einem lang gestreckten Inselchen mitten im Tejo macht sie zu einer der spektakulärsten Burgen Portugals. Die einst von Mauren gebaute, nach der Reconquista 1129 jedoch von Tempelrittern genutzte Burg an sich wurde während der Salazar-Diktatur etwas übereifrig restauriert, ist aber dennoch reizvoll; der Turmaufstieg wird mit grandiosen Blicken belohnt. Im Eintrittspreis sind die kurze Fährüberfahrt und auch der Besuch des Templer-Informationszentrums in Vila Nova da Barquinha enthalten. *Di–So, im Sommer tgl. 10–12 und 14.30–17.30, im Winter bis 16.30 Uhr* | *1 Std.* | 🕮 C9

20 CONSTÂNCIA

106 km östlich von Nazaré/ 1 Std. 10 Min. über die A8, A1 und A23

Lieblich schmiegt sich das Städtchen mit seinen weißen Häusern ans Tejoufer; es macht Spaß, durch die kleinen Gassen am Hang oder durch den lauschigen *Camões-Park* zu spazieren. Noch mehr Spaß macht es, mit dem Kajak die Gegend zu erkunden – z. B. über den Rio Zêzere vom Stausee Barragem do Castelo de Bode bis zu seiner Mündung in den Tejo bei Constância: Geführte Touren kannst du bei *Natur Z (descidas-em-kayak.com)* buchen. *C–D9*

PENICHE

(A10) **Wie ein geschwollener Daumen ragt die Halbinsel von Peniche ins Meer – nördlich und südlich des Fischerstädtchens (13 000 Ew.) erstrecken sich kilometerlange, vor allem bei Surfern beliebte Strände – nicht umsonst schmückt sich Peniche mit dem Beinamen *Capital da Onda* („Hauptstadt der Welle").**

Insbesondere um den Fischer- und Sporthafen herrscht reges Treiben. In den zahlreichen Restaurants stehen Meeresfrüchte für höchsten kulinarischen Genuss, viele Menschen sind in der örtlichen, manchmal nicht zu überriechenden Fischverarbeitung beschäftigt.

SIGHTSEEING

FORTALEZA & MUSEU NACIONAL RESISTÊNCIA E LIBERDADE

Die Burg wurde 1557–1645 erbaut und während des Salazar-Regimes im 20. Jh. als Gefängnis für politische Gefangene benutzt. Teile der Festungsanlagen durchschneiden die Stadt und reichen bis an den Nordstrand heran. Oberhalb des Fischerhafens liegt der Eingang in den Festungsbereich, wo du frei umherstreifen kannst; gute Ausblicke hat man vom Bollwerk *Baluarte Redondo.* Das Interessanteste sind aber wohl der alte Gefängnistrakt aus der Salazar-Diktatur und die Schicksale der politischen Gefangenen, an die hier auf bedrückende Weise erinnert wird. *Bei Redaktionsschluss wg. Renovierung geschl.* | *40 Min.*

CABO CARVOEIRO ★

Auf dem westlichsten Punkt der Halbinsel erhebt sich ein kleiner Leuchtturm, doch weitaus interessanter sind die Felsformationen um das Kap herum. Wie ein windschiefer, wulstiger Turm ragt das „Rabenschiff" *(Nau dos Corvos)* hervor. Ein Stück weiter nördlich an der Küstenstraße, nahe dem kleinen Heiligtum *Nossa Senhora dos Remédios* aus dem 17. Jh., bieten sich die besten Ausblicke auf diese Felsplatten-Landschaften, die wie übereinandergeschichtete Pfannkuchen aussehen. In früheren Zeiten sollen zahlreiche Schiffe an den messerscharfen Klippen zerschellt sein.

ESSEN & TRINKEN

XAKRA

Eine chillige Beachbar wie aus dem Bilderbuch: Auf der Terrasse sitzt du fast mit den Füßen im Sand, innen wirds auch bei schlechtem Wetter gemütlich. Es gibt Snacks, Kaffee und Kuchen, leckere Meeresfrüchtekreationen und gute Cocktails. *Di geschl. | Praia de Molho Leste | Tel. 965 17 21 66 | €€*

SOL É VIDA

Nicht nur zum Sonnenuntergang, aber vor allem dann ein echter Hotspot: Dieses einfache Fisch- und Meeresfrüchtelokal liegt direkt an den kurios geformten Felsen von *Consolação* 8 km südlich. Trotz der 1-a-Lage sind die Gerichte absolut bezahlbar. *Mo geschl. | Largo Nossa Senhora da Consolação | Tel. 963 70 88 40 | €*

STRÄNDE

Östlich von Peniche zieht sich ein sichelförmiges, von Dünen begrenztes Sandband bis ins 4 km entfernte *Baleal,* eine kleine, lang gezogene Halbinsel, auf die du nur über einen Stranddamm kommst. Die Strände rechts und links der schmalen Straße sind im Sommer ideal für Familien, im restlichen Jahr für Surfanfänger. Die *Praia da Gamboa* zieht ebenso die Surfer an wie die südlich der Halbinsel gelegene *Praia Supertubos.* Noch sehr naturbelassen und landschaftlich spektakulär ist die *Praia da Almagreira* nördlich von Ferrel.

SPORT & SPASS

Für Surfanfänger wie Profis bieten die Strände rund um Peniche eine unglaubliche Wellenvielfalt. Der Surfzirkus breitet sich inzwischen auch auf immer mehr Nachbarorte aus, vor allem in Baleal und Ferrel haben sich unzählige Surfcamps und Surfschulen angesiedelt. Eine tolle, kräfteschonende Kombination aus Surfen und Yoga bietet das deutsch-holländische Team von *Buddha Retreats* *(buddharetreats.com)* in seiner chilligen *quinta* in Columbeira.

INSIDER-TIPP **Sportliches Zen**

Von Juni bis September gibt es Bootszubringer zum vorgelagerten *Arquipélago das Berlengas,* auf dem zahlreiche Seevögel heimisch sind und wo sich direkt am Wasser die äußerst fotogene Festung *São João Baptista* aus

Wo die Wellen wogen: am Strand der *Capital da Onda,* der „Wellenhauptstadt“ Peniche

Ein charmantes Bilderbuch-Portugal (mit entsprechend viel Zulauf): Óbidos

dem 17. Jh. erhebt. Der Archipel steht unter Naturschutz, nur die größte Insel darf besucht werden. Es gibt kurze Wanderwege und ein Minidorf am Anleger. Doch das Highlight sind die Buchten mit ihrem klaren Wasser – bring unbedingt die Schnorchelmaske mit!

AUSGEHEN & FEIERN

Die chilligen Strandbars von Baleal – z. B. *Bar da Praia (Facebook: tribo.da.praia.baleal)* oder *Danau (danaubaleal.com)* – verwandeln sich am späten Abend in Tanzflächen. Super Cocktails und eine einzigartige Atmosphäre gibts im *The Base (So geschl. | Rua Infante Dom Henrique | Facebook)*. Das loungige *Java House (tgl. | Largo da Ribeira 14 | Facebook)* in der Altstadt von Peniche ist ebenfalls eine 1-a-Cocktailbar.

RUND UM PENICHE

21 DINO PARQUE LOURINHÃ

15 km südlich von Peniche/20 Min. über die N 247

Nicht nur für Kinder ist der Dinosaurierpark in Abelheira ein Hit. In dem Outdoormuseum spazierst du vorbei an 180 lebensgroßen Tierfiguren, hauptsächlich Dinosaurier – schließlich fand man in der Region viele Dinospuren. *Tgl. 10–17, März–Mai bis 18, Juni–Sept. bis 19 Uhr | Abelheira | dinoparque.pt | 2 Std. | A10*

22 ÓBIDOS ★

25 km östlich von Peniche/25 Min. über die IP 6

Ein nahtloser Mauermantel, kleine Gassen mit Kopfsteinpflaster, eine wunderschöne Burg, die einst von den portugiesischen Königinnen des Mittelalters bewohnt wurde, und kalkweiße, mit Blumen geschmückte Fassaden machen Óbidos (4000 Ew.) zu einem der romantischsten Orte Portugals. Das wissen auch unzählige Tagesausflügler aus Lissabon – komm am besten ganz früh oder ganz spät am Tag, wenn der Großparkplatz am Ortsrand nicht voller Reisebusse steht.

INSIDER-TIPP
Óbidos ohne Rummel genießen

Ein mit Kacheln verziertes Stadttor führt in die wichtigste Gasse, die *Rua Direita*. Die vielen Wein-, Likör- und Keramikshops sind bestens sortiert, rustikale kleine Restaurants wie das *Petrarum Domus (tgl. | Rua Direita 38 | Tel. 262959620 | petrarumdomus.com | €€)* verlocken zur Einkehr. Du bist schwindelfrei? Dann ab auf die mit Zinnen besetzte Stadtmauer, wo du Spaziergänge in luftiger Höhe unternehmen kannst! *A–B10*

23 BUDDHA EDEN

32 km südöstlich von Peniche/ 30 Min. über die IP 6 und N 8

Buddhas in allen Größen und Farben stehen oder sitzen in diesem sensationellen Park bei Bombarral, in dem die Berardo-Stiftung ein Zeichen für den Frieden und gegen die Zerstörung der Buddhastatuen von Bamiyan in Afghanistan durch die Taliban 2001 setzen wollte. Inzwischen tummeln sich auf den 35 ha aber auch andere Skulpturen namhafter Künstler. Nach einem Spaziergang rund um den See und durch die Anlagen bist garantiert auch du ziemlich zen. *Tgl. 9–18, April–Sept. bis 19 Uhr | Quinta dos Loridos | Facebook | 2 Std. | B10*

24 SANTARÉM

75 km östlich von Peniche/1 Std. über die A 15

Du stehst auf Gotik? Dann mach einen Abstecher nach Santarém! In der 30000-Ew.-Stadt wimmelt es nur so von gotischen und manuelinischen Schätzchen. Paradebeispiele sind die beiden Kirchen *Igreja da Nossa Senhora da Graça* und *Igreja da Nossa Senhora de Marvila*. *C10*

SCHÖNER SCHLAFEN IN ZENTRALPORTUGAL

WOLLIGES WOHLGEFÜHL

Du suchst eine stylishe, auf Nachhaltigkeit bedachte Unterkunft in der Nähe der Serra da Estrela und willst dich voll entspannen? Dann bist du im jungen Boutiquehotel *Puralã – Wool Valley & Spa (100 Zi. | Alameda Pêro da Covilhã | Tel. 275330400 | puralahotel.com.pt | €€)* in Covilhã bestens aufgehoben – hier dreht sich alles um Wolle und ums Wohlfühlen.

ÖKO-BAUMHAUS-PARADIES

Im *Bukubaki Eco Surf Resort (28 Zi. | Rua do Juncal 6 | Casais Mestre Mendo | Tel. 967138917 | bukubaki.com | €€)* bei Peniche wird in Baumhäusern, Holzbungalows oder geräumigen Zelten geschlafen. Für Action sorgen neben den Surferwellen im 4 km entfernten Baleal der Pool, E-Bikes und ein Skatepark.

LISSABON & UMGEBUNG

EINE STADT ZUM VERLIEBEN

„Ohhhh, Lisboa …" Unzählige Fadolieder besingen diese ungewöhnliche Hauptstadt mit ihrem besonderen Licht, in der sich auf faszinierende Weise Kulturen aus allen Himmelsrichtungen, Altes und Neues, dörflich anmutende Viertel und kosmopolitisches Leben vermischen.

Lissabon selbst zählt nur rund 545 000 Ew., der Großraum hingegen fast 2,9 Mio. Die Innenstadtviertel Baixa, Chiado und Alfama kannst du prima zu Fuß erkunden, wenn dir Kopfsteinpflaster und das stän-

Ruckelt und zuckelt und rattert durch die Gassen der Alfama: die nostalgische Tram 28

dige Auf und Ab nichts ausmachen. Dank der vielen Hügel ergeben sich immer wieder wunderbare Perspektiven. Nach Belém, zum Expogelände oder zu den Fußballstadien nimmst du besser Busse oder die Metro, auf die andere Seite des Tejos eine Fähre und nach Sintra oder Cascais den Zug. Durch die Altstadtviertel rattern die voll besetzten Straßenbahnen der Linie E 28 – von außen beliebte Fotomotive, innen eher fahrende Sardinenbüchsen, ebenso wie die noch immer verkehrenden Standseilbahnen aus dem 19. Jh.

LISSABON & UMGEBUNG

MARCO POLO HIGHLIGHTS

★ **ALFAMA**
Mittelalterliche Gassen, Fadolokale und ganz viel Lissabonflair ➤ S. 90

★ **CABO DA ROCA**
An der Steilküste über dem Ozean erlebst du Naturgewalten von ihrer schönsten Seite – Wellen, Wind und raue Klippen ➤ S. 90

★ **CASTELO DE SÃO JORGE**
Von der Festungsanlage hast du eine tolle Aussicht – ein wahrer Thron über Lissabon ➤ S. 84

★ **MOSTEIRO DOS JERÓNIMOS**
Manuelinisches Prachtkloster mit einzigartigem Kreuzgang ➤ S. 86

★ **SINTRA**
Romantik pur in frischer Bergluft, wo verspielte Königsschlösser und eine beeindruckende Maurenburg Besucher faszinieren ➤ S. 90

Überhaupt, Lissabon hat sich in seinen historischen Vierteln einen fast dörflichen Charakter bewahrt. Das ist immer noch so, trotz der neuerdings in immer größerer Zahl über die Stadt herfallenden Touristenmassen. Zugleich ist sie aber auch das Herz einer weltoffenen europäischen Metropolregion, von der Start-up-Gründer aus aller Welt ebenso schwärmen wie Erasmusstudenten oder chinesische Großinvestoren. Ausführliche Informationen über Portugals Metropole findest du im MARCO POLO Band „Lissabon".

SIGHTSEEING

CASTELO DE SÃO JORGE ★

Die wohl schönste, wenn auch teuerste Aussicht über Lissabon und den Fluss gibts auf dem Burghügel. Hier stand einst eine Maurenburg, die 1147 von Portugals erstem König Afonso Henriques erobert wurde. Von der königlichen Residenz sind nur noch Reste übrig, die meisten Mauern stammen aus einer Renovierungsaktion des Diktators Salazar in den 1940er-Jahren. Trotzdem ist es phantastisch, auf den Türmen und Wehrgängen herumzuklettern und die Stadt von oben zu betrachten.

INSIDER-TIPP
360-Grad-Liveansichten

Das geht übrigens auch in der Camera obscura in der *Torre Ulisses* mit ihrem ausgeklügelten optischen System. *Tgl. 9–19, März–Okt. bis 21 Uhr | castelodesaojorge.pt | 1½ Std., tagsüber oft lange Wartezeiten | d4*

WOHIN ZUERST?

Idealer Ausgangspunkt für die Stadterkundung ist der **Rossio** (*c4*) mit Metrostation, von wo aus ein Bummel durch die Rua Augusta bis zur Praça do Comércio lohnt, ehe du durch die labyrinthischen Gassen der Alfama streifst. Dann geht es zum Castelo de São Jorge mit dem besten Stadtpanorama.

SÉ

Reste der Phönizier und Römer, eine Moschee der Mauren: Hier stand schon so manches wichtige Gebäude, bevor die Christen kurz nach der Reconquista im 12. Jh. ihre Kathedrale drübersetzten – typisch romanisch, wie du an den wehrhaften Türmen mit ihren Burgzinnen bestens erkennen kannst. In ihrem Inneren und im angeschlossenen Kreuzgang begegnen dir dann schon gotische Formen. Unterhalb der Sé liegt die spätbarocke *Igreja de Santo António* über der Geburtsstätte des hl. Antonius. *Juni–Okt. Mo–Sa 9.30–19, Nov.–Mai 10–18 Uhr | Largo da Sé | d5*

CHIADO

Von den geschäftigen Einkaufsstraßen der Baixa ist das Bohemeviertel Chiado nur ein paar Stufen – oder eine Aufzugfahrt – entfernt. Seit 1902 verbindet der neogotische *Elevador de Santa Justa* die Unterstadt mit dem *Largo do Carmo,* einem der Herzstücke des Chiado. Hier erinnert das *Convento do Carmo* an das tragische Erdbeben von 1755; inzwischen ist das *Museu Ar-*

Ein Moment der Muße abseits der touristischen Hauptrouten: Basílica da Estrela

queológico do Carmo (Mo–Sa 10–18, Mai–Okt. bis 19 Uhr | museuarqueolo gicodocarmo.pt) in den gotischen Klosterruinen untergebracht. Lauschige Plätze, die Kunsthochschule, mehrere Theater und das Opernhaus São Carlos: Im Chiado gibt es neben altehrwürdigen Cafés und Geschäften vor allem ganz viel Kultur und Kunst – wie z. B. im *Museu Nacional de Arte Contemporânea do Chiado (Di–So 10–18 Uhr | Rua Serpa Pinto 4 | museuarte contemporanea.pt).* a–c 4–5

MUSEU CALOUSTE GULBENKIAN

Dem Sammeltrieb des Geschäftsmanns Calouste Gulbenkian (1869–1955) sind die Exponate dieses Museums zu verdanken: altägyptische Kunst, mittelalterliche Pergamente, französische Möbel aus dem 18. Jh. sowie der *Designerschmuck von René Lalique* (1860–1945) mit Käfer-, Libellen- und Schlangenmotiven. Höhepunkt ist die Pinakothek, ein Who's who europäischer Maler, mit Werken u. a. von Jacob van Ruisdael, Anthonis van Dyck, Edgar Degas, Édouard Manet. Die Cafeteria eignet sich ebenso gut für eine Rast wie die grüne Gartenoase hinterm Museum. *Mi–Mo 10–18 Uhr | Av. de Berna 45a | gulbenkian.pt/museu | 1½ Std. |* 0

ESTRELA & PRAZERES

Im Westen der Innenstadt gibt es eine phantastische Dschungeloase: den *Jardim da Estrela* mit seinen schattigen Spielplätzen, Esplanadencafés und Wildnispfaden. Nebenan erhebt sich seit 1790 die elegante, spätbarocke *Basílica da Estrela (tgl. 8.30–12*

und 13–18 Uhr), der du übrigens auch auf die aussichtsreiche Kuppel steigen kannst. Am Rand des familienfreundlichen Nachbarviertels *Campo de Ourique* liegt der *Cemitério dos Prazeres (tgl. 9–17, Mai–Sept. bis 18 Uhr)*, mit einer beeindruckenden Zahl pompöser Grabmonumente der spektakulärste Friedhof des Landes. *0*

MAAT

Ab in die Zukunft! Das *Museu de Arte, Arquitetura e Tecnologia* in Belém ist Lissabons neueste kulturelle und architektonische Errungenschaft. Mit einem sanften Schwung erhebt sich das mit fast 15 000 glänzenden Kacheln verkleidete Gebäude am Tejoufer. Innen gibts wechselnde Ausstellungen zeitgenössischer Künstler, außen (auch vom Dach!) Blicke auf den Fluss und auf das Elektrizitätsmuseum nebenan, das als Industriedenkmal in den Komplex integriert wurde. *Mi–Mo 11–19 Uhr | Av. Brasília/Central Tejo | maat.pt | 1½ Std. inkl. Elektrizitätsmuseum | 0*

MOSTEIRO DOS JERÓNIMOS ★

Das wohl gigantischste manuelinische Bauwerk des Landes, das Hieronymitenkloster, verdanken wir Manuel I., der in Belém am Tejo nahe der Schiffseinfahrt ein Kloster errichten ließ. Ab 1502 zogen sich die Arbeiten ein gutes Jahrhundert lang hin und verschlangen Unsummen aus dem Afrika- und Orienthandel. Das Ergebnis: eine

gewaltige Anlage mit über 300 m breiter Fassade und der Hallenkirche mit den Königsgräbern Manuels und seiner Nachfolger im Altarbereich. Nahe dem Westportal werden die Sarkophage von Seefahrer Vasco da Gama und Nationaldichter Luís de Camões von steinernen Löwen getragen. Der doppelstöckige Kreuzgang gilt als Glanzstück der Manuelinik. Manche Säulen wirken wie gedrechselt und werfen filigrane Schatten. Adler, Blüten und Phantasiewesen zieren die verschnörkelten Seiten. Eine schlichte Säule markiert im Kreuzgang das Grabmal von Fernando Pessoa. *Di–So 10–17.30, Mai–Sept. bis 18.30 Uhr | mosteirojeronimos.pt | ⏲ 1 Std., tagsüber lange Wartezeiten, in der letzten Stunde vor der Schließung ist weniger los |* 🕮 *0*

PADRÃO DOS DESCOBRIMENTOS

Wie eine Karavelle sticht das 50 m hohe „Denkmal der Entdeckungen" in Belém in den Tejo. Es wurde 1960 anlässlich des 500. Todestags von Prinz Heinrich dem Seefahrer enthüllt. Bis zum Bug finden sich auf beiden Seiten des Monuments über 30 markante Gestalten aus der Entdeckungs- und Eroberungsära wieder. Der Lift bringt dich auf die *Dachterrasse,* die einen guten Blick auf die große marmorne Windrose und die Weltkarte zu Füßen des Denkmals bietet. *Feb. und Okt. tgl. 10–18, März–Sept. bis 19, Nov.–Jan. Di–So 10–18 Uhr | padraodosdescobrimentos.pt |* 🕮 *0*

TORRE DE BELÉM

In wuchtiger Eleganz erhebt sich der 1514–1520 zum Schutz der Hafeneinfahrt erbaute Turm in Belém am Ufer des Tejo. Orientalische Haubenkuppeln und ein reiches manuelinisches Dekor lenken vom einstigen militärischen Nutzen des Turms ab. Zwischenplattform und Dachterrasse erlauben einen Ausblick über den Fluss. *Di–So 10–17.30, Mai–Sept. bis 18.30 Uhr | torrebelem.pt | ⏲ 30 Min., tagsüber lange Wartezeiten, in der letzten Stunde vor der Schließung ist weniger los |* 🕮 *0*

PARQUE DAS NAÇÕES

Der „Park der Nationen", Lissabons modernstes Business- und Wohnviertel, liegt im östlichen Stadtgebiet und ist aus der Weltausstellung 1998 hervorgegangen. Startpunkt ist die von Licht

Tasca do Chico: ein Dauerbrenner unter den Fadokneipen der Stadt

durchflutete *Estação do Oriente,* die mit ihren fast schwebenden Elementen die Handschrift des Architekten Santiago Calatrava trägt. Dahinter geht es ins täglich von 8 bis 24 Uhr geöffnete *Centro Comercial Vasco da Gama* und an die grüne Uferzone mit Lokalen, Messegelände, Konzert- und Sporthalle, der Gondelbahn *Telecabine,* dem Wissenschafts- und Technologiemuseum *Pavilhão do Conhecimento – Ciência Viva (Di–Fr, Juni–Aug. Mo–Fr 10–18, Sa/So 10–19 Uhr | pavconhecimento.pt)* sowie dem *Oceanário (tgl. 10–20 Uhr | oceanario.pt).* Dieses Riesenaquarium mit seinen Haien, Rochen, Seepferdchen und Pinguinen ist großartig – nicht nur für Kinder und nicht nur an Regentagen! *🕮 0*

ESSEN & TRINKEN

SUPER MÁRIO

Wenn du mal so richtig typisch portugiesisch essen möchtest und es dir nichts ausmacht, an engen Tischen mit Papiertischdecken zu sitzen und von einem Fernseher beschallt zu werden, in dem Fußball läuft, dann bist du hier richtig! Hier triffst du noch echte Portugiesen, die schätzen nämlich die riesigen Tagesgerichtsportionen zu kleinen Preisen. *So geschl. | Rua do Duque 9 | Tel. 2 13 47 94 37 | € | 🕮 c4*

BELCANTO

Achtung, Gourmets! Dieses mit zwei Michelinsternen gekrönte Restaurant hat einen Markstein in der Gastroszene der Hauptstadt gesetzt. Für höchste Küchenkunst bürgt José Avillez, der mit seinen Menüs wahre Entdeckungsreisen für den Gaumen zaubert. *So/Mo geschl. | Largo de São Carlos 10 | Tel. 2 13 42 06 07 | belcanto.pt | €€€ | 🕮 b–c5*

OS BONS MALANDROS

Hast du schon mal frischen Thunfisch mit Avocado, Limette und einer Kugel aus Molekular-Mojito gegessen? Solche und andere kreative *petiscos* werden in diesem jungen Gastropub direkt neben dem Elevador da Bica serviert. *Mittags und So geschl. | Rua da Bica de Duarte Belo 51 | Tel. 9 63 59 30 00 | Facebook | € | 🕮 b5*

A CEVICHERIA

Klein, aber fein ist dieses schicke Lokal, eine besonders angesagte Adresse, wo es marinierten rohen Fisch *(ceviche)* gibt. Der Zulauf ist die beste Visitenkarte. Das Geschmackserlebnis der kleinen Kostbarkeiten macht die Wartezeiten wett. *Tgl. | Rua Dom Pedro V 129 | Tel. 218038815 | acevicheria.pt | €€ |* *(📖 a3)*

SHOPPEN

In Lissabon finden sich sowohl Shoppingmalls wie *Amoreiras (📖 0) (Av. Engenheiro Duarte Pacheco | amoreiras.com)* als auch kleinere Läden – vor allem im Chiado und Bairro Alto – und Boutiquen *(Rua do Carmo, Rua Garrett)*. Eine kleine, originelle Ladenkette mit charakteristischen Produkten Portugals ist *A Vida Portuguesa (📖 c5) (avidaportuguesa.com)*, u. a. in der *Rua Anchieta 11* im Chiado. Die Hauptflaniermeilen sind die *Rua Augusta (📖 c4–5)* in der Baixa mit vielen klassischen Modegeschäften und die *Avenida da Liberdade (📖 a–b 1–3)* für das Schickimicki-Shopping bei Gucci & Co. Eine sehr gute Auswahl an Fado-CDs hält der Museumsshop des *Museu do Fado (📖 e5) (Largo do Chafariz de Dentro 1 | museudofado.pt)* bereit.

AUSGEHEN & FEIERN

Das Nachtleben beginnt spät und verteilt sich auf verschiedene Viertel. Das Bairro Alto ist für seine Kneipengassen bekannt, vor allem rund um die *Rua da Barroca* und *Rua da Atalaia (📖 b4–5)*. In den meist prall gefüllten Fadokneipen *Tasca do Chico (Do–So | im Bairro Alto: (📖 b4) Rua Diário de Notícias 39 | Tel. 961339696; in der Alfama: (📖 e–f4) Rua dos Remédios 83 | Tel. 961339697)* treten bis spät in die Nacht verschiedene Fadosänger auf – ein phantastisches Erlebnis! Wenn es dir dort zu voll ist, empfiehlt es sich, in einem der renommierten Fadorestaurants im Bairro Alto oder in der Alfama zu reservieren. Besonders

SCHÖNE AUSSICHTEN: LISSABONS MIRADOUROS

Das Tolle an Lissabon sind die Aussichten: Dank der vielen Hügel ergeben sich immer wieder wunderbare Perspektiven über die Stadt und den Fluss. Die hippen Esplanadencafés, z. B. auf den *miradouros von Graça (📖 e6)*, und neue, angesagte Dachterrassenlocations tun ein Übriges: Zum Sonnenuntergang lässt sich daher so mancher aussichtsreiche Sundowner genießen. Eine gute Aussicht auf die nach seinen Plänen nach dem schlimmen Erdbeben von 1755 wiederaufgebaute Unterstadt hat auch der Marquês de Pombal von seinem Sockel am oberen Ende der Prachtallee *Avenida da Liberdade (📖 a1)*: Er legte das Schachbrettmuster der Baixa an, du kannst dir die Szenerie prima vom *Alto do Parque (📖 0)* oberhalb des Parque Eduardo VII anschauen. Die *Praça do Comércio (📖 c–d 5–6)* mit ihren hübschen Arkaden und dem Reiterdenkmal zu Ehren von König José I. bewunderst du am besten vom Dach des Triumphbogens *Arco da Rua Augusta (📖 c–d5)* aus.

gut ist die *Parreirinha da Alfama* (▯ e4) *(Mo geschl. | Beco do Espirito Santo 1 | Tel. 218868209 | parreirinhadealfama.com | €€)*. Überhaupt, die mittelalterliche ★ *Alfama* ist am Abend, wenn aus allen Häusern der Fado erklingt und ein sanftes gelbes Licht die Gassen erleuchtet, besonders romantisch.

In Ufernähe liegen die Kneipen und Discos vor allem zwischen den *Cais do Sodré* (▯ b6) und den *Docas de Alcântara* (▯ 0). Beliebt ist die *Music Box* (▯ b6) *(Rua Nova do Carvalho 24 | musicboxlisboa.com)* mit Liveacts und DJs.

INSIDER-TIPP
Caipirinha & Samba wie in Brasilien

Fetzige Sambamusik bringt die authentische brasilianische Musikkneipe *Água de Beber* (▯ a5) *(Mi geschl. | Rua dos Poiais de São Bento 73)* zum Zittern.

RUND UM LISSABON

1 STATUE CRISTO REI

14 km südlich von Lissabon/25 Min. über die Autobahn

Ein bisschen Rio-Feeling gegenüber von Lisboa: 113 m überm Tejo breitet der Cristo Rei am Ende der Ponte 25 de Abril auf einem 75 m hohen Sockel seit 1959 seine Arme aus. Schon vom Vorplatz aus hast du eine tolle Aussicht; noch grandioser ist sie von Christus' Füßen aus – ein Aufzug fährt hinauf. *Tgl. 10–19 Uhr | cristorei.pt |* ▯ *A12*

2 CABO DA ROCA ★

40 km/45 Min. über die A 5

Beim Leuchtturm in 144 m Höhe führen Pfade zu den Vorsprüngen über der wilden Steilküste am Kap, oft pfeift dir ein frischer Wind um die Ohren – hier spürst du die Naturgewalten. Und: Weiter nach Westen kannst du dich auf dem europäischen Festland nicht bewegen! ▯ *A11–12*

3 SINTRA & SERRA DA SINTRA

29 km westlich von Lissabon/35 Min. über die IC 19

Wildromantische Bergparks, märchenhafte Burgen und pompöse Paläste locken viele Besucher ins romantische ★ *Sintra* (30 000 Ew.). Das schon bei

den Königen des Mittelalters beliebte Örtchen schmiegt sich an den Hang der bis zu 528 m hohen *Serra de Sintra.* Im historischen Zentrum erhebt sich der *Palácio Nacional de Sintra (tgl. 9.30–18.30 Uhr | 1 Std., tagsüber Wartezeiten, am späten Nachmittag ist weniger los),* dessen Wahrzeichen die Küchenschornsteine sind. Der Bau des einstigen Königsschlosses wurde unter Dom Dinis (1261–1325) begonnen und dauerte bis ins 16. Jh. Prunkvolles Dekor findet sich im Schwanen-, Elstern- und Wappensaal, uralte Azulejos zieren so manche altehrwürdige Wand.

Von den Höhenrücken der Serra heben sich die Zinnenreihen des *Castelo dos Mouros (tgl. 9–18.30 Uhr)* ab, einer mutmaßlich im 9. Jh. errichteten Maurenburg, deren Mauern du erkunden kannst. Hinauf spaziert man z. B. durch den wunderschön hergerichteten, frei zugänglichen Park der *Villa Sassetti* und vorbei am Kletterfelsen *Penedo da Amizade.* Dieser Pfad führt dich auch zum *Parque da Pena,* den der Königinnengemahl Ferdinand von Sachsen-Coburg und Gotha ab 1840 im durch und durch romantischen Stil anlegen ließ. Höhepunkt ist das märchenhafte Schloss *Palácio Nacional da Pena (tgl. 9.30–18.30 Uhr | 2½ Std. inkl. Park, Palast nur noch mit Tickets mit fixem Zeitfenster auf parquesdesintra.pt).* Salons, Speise-

Am südlichen Ufer des Tejo wacht der Cristo Rei 113 m hoch über die Ponte 25 de Abril

Wer gern mal in romantischem Kitsch schwelgt: Ab in den Palácio da Pena in Sintra!

tafel, Türmchen, Kuppeln strotzen vor Reichtum und Edelkitsch. Die Aussicht reicht bis zum Meer. Falls du nicht wandern möchtest: Der Bus Nr. 434 fährt von der City aus hinauf.

Im Sintra-Gebirge gibts aber noch mehr Sehens- und Erlebenswertes – ein Tag reicht bei Weitem nicht aus, um all die geschichtsträchtigen und phantastisch erhaltenen bzw. renovierten Monumente zu besichtigen. Versteckt im Wald befindet sich das alte Kapuzinerkloster *Convento dos Capuchos (tgl. 9–18 Uhr)* aus dem 16. Jh., das die Mönche teilweise aus Kork gebaut haben. Der märchenhafte *Palácio de Monserrate (tgl. 9.30–18.30 Uhr)* aus dem 19. Jh. liegt inmitten eines verwunschenen Parks und auch die *Parkanlage des Nationalpalasts von Queluz* ist ebenso beeindruckend wie der Rokokopalast selbst. Nicht verpassen solltest du außerdem die mit Freimaurersymbolen gespickte, märchenhafte *Quinta da Regaleira (tgl. 10–18.30, im Sommer bis 19.30 Uhr | regaleira.pt).* Aktuelle Öffnungszeiten und Infos zu den meisten Monumenten Sintras findest du unter *parques desintra.pt.*

Nach all den Besichtigungen brauchst du eine Stärkung? Süße Teilchen – auch die für Sintra typischen *queijadas* und *travesseiros* – gibts in den legendären Cafés *Piriquita* und *Piriquita II (tgl. | Rua Padarias 1 bzw. 18 | piriqui ta.pt),* super einkehren kannst du in der *Taberna Criativa (So geschl. | Av. Heliodoro Salgado 26 | Tel. 2 10 18 61 47 | €€).* *A11*

4 PALÁCIO NACIONAL DE MAFRA

40 km nordwestlich von Lissabon/45 Min. über die A 8 und A 21

Der leicht größenwahnsinnige Bauherr der riesigen barocken Kloster-

und Königsresidenz war João V. im 18. Jh. Die Wege in dem 1200-Räume-Komplex sind immens – allein zwischen den prunkvollen Gemächern des Königspaars liegen mehr als 230 m! Übermannsgroße Kerzenständer und Spiegel, Marmorböden, Mahagonimöbel, Büsten, Gobelins, ein Saal voller Jagdtrophäen – nichts scheint zu teuer gewesen zu sein. Kaum bescheidener fällt das Kloster (mit Basilika und 85 m langer Bibliothek) aus. *Mi–Mo 9.30–17.30 Uhr | palaciomafra.gov.pt | 1 Std. |* A11

STRÄNDE

Welche europäische Hauptstadt hat so viele tolle Strände zu bieten? Ein Topziel der *lisboetas* ist die gut 15 km südwestlich gelegene *Costa da Caparica* mit ihrem kilometerlangen Sandstrand. Besonders angenehm ist es an der *Praia de São João* nahe der Fischersiedlung Cova do Vapor. Hier bekommt man nur selten Parkplatzprobleme und die Strandbars versprühen brasilianisches Flair.

Entlang des nördlichen Flussufers geht es (auch per Vorortbahn) ins beliebte Städtedoppel *Estoril-Cascais* (62 000 Ew.), das von mondänen Villen, noblen Hotels und einer tollen Strandpromenade geprägt ist. Auf dem Weg liegen Stadtstrände wie die *Praia de Santo Amaro de Oeiras* oder der Surferstrand von *Carcavelos*. In Cascais selbst ist die kleine *Praia da Rainha* direkt neben der Fußgängerzone besonders pittoresk; neben den Felsen lässt es sich prima schnorcheln. Westlich von Cascais folgt das *Dünenschutzgebiet von Guincho* mit dem gleichnamigen spektakulären und auch im Sommer nie überfüllten Sandstrand, an dem sich dank der häufig herrschenden Winde die Kitesurfer tummeln. Nördlich des Cabo da Roca schließen sich die wilden, landschaftlich phänomenalen Strände von Sintra an. A12

SCHÖNER SCHLAFEN IN LISSABON UND UMGEBUNG

JUGENDSTIL UND STREET-ART IM SZENEVIERTEL

Im durchgestylten *Hotel 1908 (36 Zi. | Largo do Intendente Pina Manique 6 | 1908lisboahotel.com | €€–€€€)* in einem der angesagtesten Viertel vor allem der alternativen Szene begegnen dir Rieseninsekten des Street-Art-Künstlers Bordalo II und viele weitere Kunsterlebnisse. Auch von außen erstrahlt das wunderschöne Jugendstilgebäude in neuem Glanz. Das hervorragende Restaurant *Infame (infame.pt)* steht dem Zauber in nichts nach.

CHILLIGE LODGE FÜR OUTDOOR-AKTIVE

Klettern im Sintra-Gebirge oder an den Klippen von Cascais, Surfen in Praia Grande, Yoga zum Entspannen: All das kannst du bei einem Aktivurlaub in der *Starpine Lodge (9 Zi. | Estrada do Rodízio 145 | Tel. 960388338 | starpinelodge.com | €€)* in Colares erleben. Die Klettertrips organisiert das deutschsprachige Team von *Outdoor Adventures (outdooradventuresportugal.com).*

ALENTEJO & COSTA AZUL

ENDLOSE WEITEN UND WILDE STRÄNDE

Kaps und Klippen, Dünen bis zum Horizont, Ruinen aus Römerzeiten, Korkeichenhaine und Storchennester – in Portugals kontrastreichem mittlerem Süden ticken die Uhren glücklicherweise langsamer; so hast du mehr Zeit, die wunderbaren Landschaften, die hübschen Städtchen und das großartige Essen aus dieser Region zu genießen.

Am Küstensaum der Costa Azul ragt die Landspitze Cabo Espichel in die brausende See, lockt Sesimbra mit seinen Stadtstränden und

Wenn das Wasser weg ist: Ebbe am Lagunensee Santo André an der Costa Alentejana

der Burg – hier fällt die Serra da Arrábida in den Atlantik ab. In den Feuchtgebieten des naturgeschützten Sado-Deltas leben Flamingos und zig andere Vogelarten, sogar Delphine statten dem Estuário do Sado regelmäßige Besuche ab. Im Hinterland erstreckt sich die typische Landschaft des Alentejo, einer Großgrundbesitzregion mit stattlichen Gutshöfen. Schier endlose Weiten bestimmen hier das Bild, sanfte Hügel mit Getreidefeldern, Olivenbäumen und Weiden, Dörfer mit kalkweißen Häusern, uralte Burgen.

ALENTEJO & COSTA AZUL

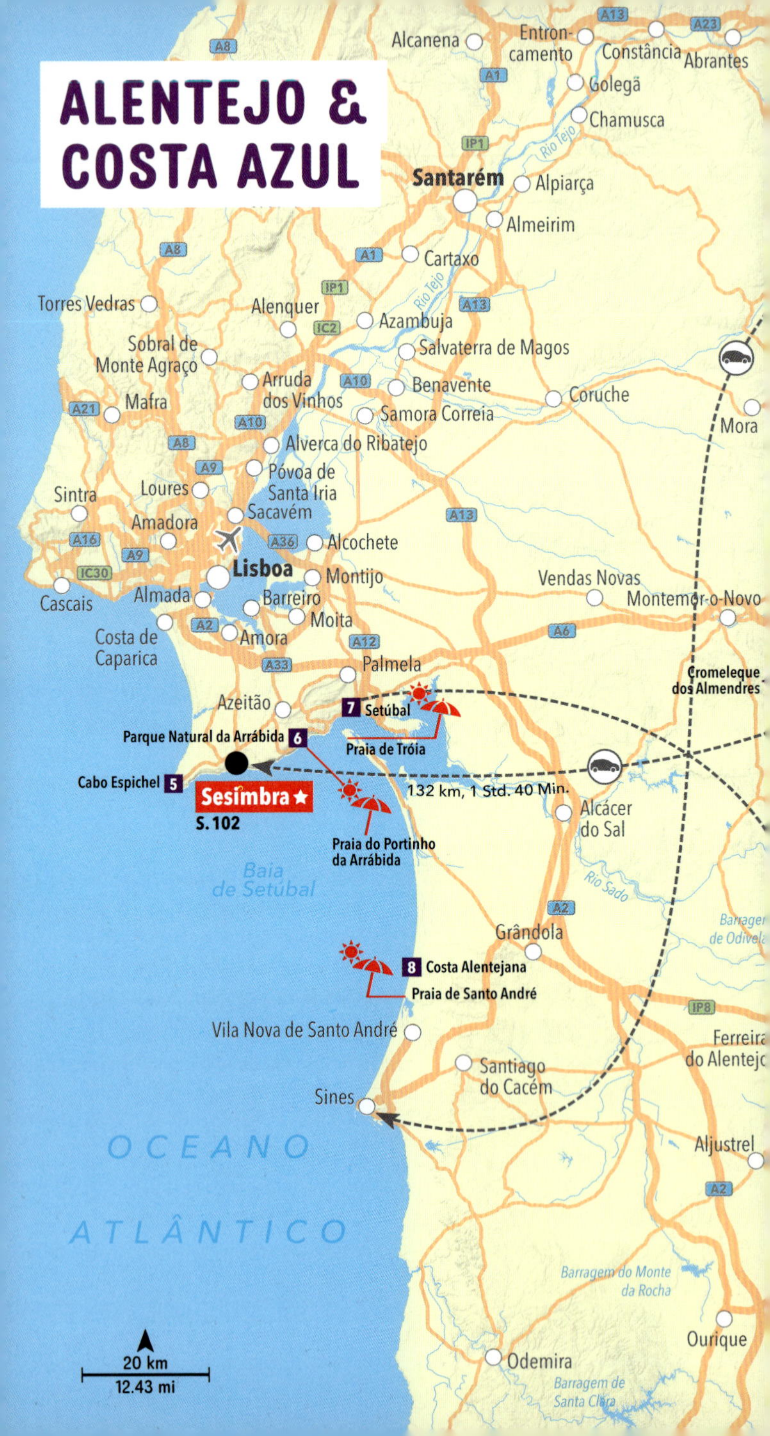

MARCO POLO HIGHLIGHTS

★ ÉVORA
Die Mischung machts: römische Ruinen, die Kathedrale und eine gruselige Knochenkapelle ➤ S. 98

★ PARQUE NATURAL DA SERRA DE SÃO MAMEDE
Bergdörfer, Burgen und der größte Menhir auf der Iberischen Halbinsel ➤ S. 100

★ SESIMBRA
Fischerstädtchen mit Flair und Strand am Fuß der Serra da Arrábida ➤ S. 102

Je nach Jahreszeit ist das Gras saftig-grün oder braun verdorrt. Inmitten dieser vermeintlichen Monotonie lockt die pulsierende Studentenstadt Évora, deren historisches Zentrum zum Unesco-Welterbe zählt.

ÉVORA

(▯▯ E12) **Ein Drink auf der Praça do Giraldo, ein Bummel durch die Geschäfte unter den Arkaden – das Universitätsstädtchen ★ Évora (47 000 Ew.) bezaubert mit seinem historischen Erbe und seinem freundlichen Flair, das durch alle Gassen strömt.**

Schon die Römer fühlten sich hier wohl, wie die Überreste einer Therme unterhalb des Rathauses belegen. Auf früheste Zeiten gehen die Megalithbauten in der Region zurück. Der verwinkelte, von Mauern umgebene Stadtkern gehört zum Welterbe der Unesco. Noch immer transportiert das monumentale Aquädukt aus dem 16. Jh. Wasser bis ins historische Zentrum; in der Rua do Cano wurden sogar winzige Häuschen unter die Arkaden gebaut. Für die Stadt typisch sind die gelb umrahmten Türen und Fenster vieler Häuser.

Évora liegt inmitten eines weitläufigen Weinbaugebiets, dessen edle Tropfen die geschützte Herkunftsbezeichnung DOC Alentejo tragen. Du ahnst es schon: Hier kannst du also zu den deftigen regionalen Gerichten auch ganz hervorragenden Wein trinken.

SIGHTSEEING

PRAÇA DO GIRALDO

Um diesem Platz, der sich zu Füßen der Igreja de Santo Antão aus dem 16. Jh. erstreckt, kommst du nicht drum rum! Er ist mit seinen bezaubernden Arkaden der Dreh- und Angelpunkt des historischen Zentrums und der Beginn der lebhaften Fußgängerzone. Nach dem Bummeln kann man sich in einem der Terrassencafés erholen und sich das Treiben rund um den schönen Brunnenplatz anschauen.

TEMPLO ROMANO

Dieser römische Tempel aus dem 1. oder 2. Jh. ist wohl nur deshalb so gut erhalten geblieben, weil die 14 Granitsäulen mit ihren korinthischen Marmorkapitellen im 14. Jh. zugemauert und als Schlachthaus genutzt wurden. Glück gehabt! Hinter der Kultstätte schließt sich eine kleine Grünanlage an, an der östlichen Seite des Platzes steht die *Igreja de São João Evangelista,* deren Inneres mit prachtvollen Azulejos verziert ist. *Largo do Conde de Vila Flor*

SÉ

Wie eine Burg trotzt die romanisch-gotische Kathedrale mit ihren zwei asymmetrischen Türmen seit 1186 den Jahrhunderten. Es lohnt sich, ein 🐖 Kombiticket zu kaufen, um auch in den *Kreuzgang* aus dem 14. Jh. zu kommen und vor allem, um der Sé aufs *Dach* zu steigen, denn von hier oben hat man einen tollen Ausblick über die Stadt und das Umland. Au-

„Unsere Knochen warten hier auf eure": Das ist tatsächlich das Motto der Capela dos Ossos

ßerdem siehst du, wie aufwendig der Hauptturm über dem Chor mit Steinschuppen und kleinen Minitürmchen verziert ist. *Tgl. 9–17 Uhr | evoracathedral.com | 45 Min. inkl. Turm und Kreuzgang*

CAPELA DOS OSSOS

Knochen, nichts als Knochen, wohin man schaut. Schädel mit tiefen Augenhöhlen, vor Jahrhunderten im Untergrund verankert: Regelrecht aufgestapelt sind sie eingefasst an Wände und Gewölbe, Reihe für Reihe, umgeben von dämmrigen Rahmen. Die „Knochenkapelle" ist der Kirche *São Francisco* angegliedert und rundum mit Skelettstücken von etwa 5000 Menschen ausstaffiert. Zu den schaurig-makabren Mosaiken passt der Sinnspruch über dem Eingang: „Unsere Knochen warten hier auf eure." *Tgl. 9–17, im Sommer bis 18.30 Uhr | Praça 1° de Maio | igrejadesaofrancisco.pt | 45 Min. inkl. Museum*

ESSEN & TRINKEN

O ANTÃO

Das Traditionsrestaurant in der Fußgängerzone hat für seine Alentejoküche bereits einige Preise eingeheimst. Auf der Karte steht eine große Fleischauswahl mit Lamm, Schwein, Ente und je nach Jahreszeit auch Rebhuhn und Kaninchen. *Di-Mittag und Mo geschl. | Rua João de Deus 5 | Tel. 2 66 70 64 59 | restauranteantao.pt* | €€

BOTEQUIM DA MOURARIA
Dieses winzige Thekenlokal ist so klein, dass du wirklich rechtzeitig kommen oder anstehen musst, um einen der neun (!) Plätze zu ergattern. Die Auswahl an Hauptgerichten ist übersichtlich, aber überköstlich, manche probieren sich auch einfach durch die deftigen Vorspeisen. Das Essen und der Wirt machen den Besuch zu einem kulinarischen Erlebnis. *Sa/So geschl. | Rua da Mouraria 16a | Tel. 266746775 | €–€€*

QUARTA-FEIRA
In diesem urig-rustikalen Lokal in der Altstadt kocht die Oma noch höchstpersönlich – und so schmeckt es auch! Ohne Reservierung hast du kaum eine Chance, den köstlichen, über Stunden im Ofen geschmorten Schweinenacken *(cachaço de porco assado)* zu probieren. Göttlich sind auch die Nachtischkreationen. *So/Mo und abends geschl. | Rua do Inverno 18 | Tel. 266707530 | Facebook: tabernatipicaquartafeira | €–€€*

SHOPPEN

In der *Rua 5 de Outubro* zwischen Praça do Giraldo und Sé reihen sich einige Kork- und Keramikshops aneinander, ein Paradies für Souvenirjäger! Klamotten findest du in der Fußgängerzone *Rua João de Deus,* wo es einige Boutiquen gibt.

AUSGEHEN & FEIERN

Die Studentenszene trifft sich abends bevorzugt in den Bars im Zentrum. Zum Tanzen geht es in die *Discoteca Praxis Club (Rua de Valdevinos 21 | Facebook: PraxisEvora).*

RUND UM ÉVORA

1 CROMELEQUE DOS ALMENDRES

17 km westlich von Évora/25 Min. über die N 114 und eine Schotterpiste
Ab dem Dorf Guadalupe ist der Steinkreis bereits ausgeschildert, jetzt geht es noch über eine holprige Piste und dann stehst du am portugiesischen Stonehenge – oftmals übrigens ganz alleine, der Cromlech wird erstaunlich wenig besucht. Dabei haben sich unsere Vorfahren etwa 3000 v. Chr. ganz schön ins Zeug gelegt, um dieses mystische Steinoval aus heute 92, teilweise mit Symbolen verzierten Menhiren zu schaffen. Auf dem Weg zu diesem steinzeitlichen Kultplatz führt am Hof Almendres ein Pfad zu einem allein stehenden, 3,5 m hohen Menhir – was für ein Hinkelstein! *D12*

2 PARQUE NATURAL DA SERRA DE SÃO MAMEDE ★

120 km bis Marvão nordöstlich von Évora/1 Std. 40 Min. über die IP 2
Dieser Ausflug führt durch Korkeichenwälder und Weinbauzonen in die nördlichsten Winkel des Alentejo – plan am besten eine Übernachtung ein, um ausreichend Zeit für die tolle Landschaft und die liebenswerten Orte zu haben! Der Naturpark, dessen

Von der Burg in Marvão: Weitwinkelblick auf die Serra de São Mamede

höchster Punkt auf 1025 m liegt, beginnt etwa 115 km nordöstlich von Évora. Die beiden schönsten Orte im Gebirge sind Castelo de Vide und Marvão. Eingebettet in ein weitläufiges Olivenanbaugebiet, schmiegt sich *Castelo de Vide* zwischen zwei Hügel. Die Altstadt zieht sich mit ihren pittoresken Gässchen vom einstigen Judenviertel, an dessen Geschichte auch das *Museum (Di–So 9–13 und 14–17, im Sommer 15–18 Uhr | Rua da Judiaria)* in der alten Synagoge erinnert, bis hinauf zur aussichtsreichen Burganlage. Einfache kleine Cafébars findest du zwischen Kirche und Burg in der *Rua de Santa Maria de Baixo*. In der direkten Umgebung von Castelo de Vide liegen viele Megalithbauten, darunter zahlreiche Dolmen. Beeindruckend ist der etwa 10 km nördlich gelegene *Menir da Meada*. Mit einem Gewicht von 20 t und über 7 m Höhe ist er ein Gigant unter den Hünensteinen auf der Iberischen Halbinsel.

Südöstlich von Castelo de Vide geht es hinauf in den Ort *Marvão,* dessen Burg schon aus weiter Ferne zu sehen ist. Hoch oben in luftiger Höhe thront das Kastell auf einem Fels und bietet einen atemraubenden Blick ins Umland. Das mittelalterliche Marvão selbst ist zwischen seinen Burgmauern hervorragend erhalten und erinnert mit seiner spektakulären Lage an einen riesigen Adlerhorst.

Auf der Hinfahrt ab Évora oder auf dem Weg zurück bietet sich ein Zwischenstopp in *Portalegre* am Westrand der Serra an. Natürlich gibts auch hier ein Kastell zu erkunden oder du kehrst in eines der einladenden Freiluftcafés an der Praça da República ein. *F10*

Kachelkunst und Kreuzrippengewölbe: Nossa Senhora da Conceição in Beja

3 BEJA

80 km südlich von Évora/ 1 Std. 10 Min. über die IP 2

Die Fahrt in das einsam inmitten des Alentejos gelegene Beja (24 000 Ew.) führt dich durch die typische Korkeichenlandschaft der Provinz. Bereits aus weiter Ferne erkennst du hier das *Castelo (tgl. 9.30–12 und 14–17.15 Uhr)* an seinem wuchtigen, fast 40 m hohen marmornen Wehrturm. Hauptplatz ist die *Praça da República*, besuchenswert außer der Burg vor allem der *Convento Nossa Senhora da Conceição* aus dem 15. Jh. mit Kirche, Kreuzgang und dem *Museu Regional de Beja (Di–So 10–12.30 und 14–17.30 Uhr | museuregionaldebeja.pt)*. Und noch ein Kloster: Im ehemaligen Franziskanerkloster *(Largo Dom Nuno Álvares Pereira)* sind heute eine schicke Pousada und ein edles Restaurant untergebracht, den Kreuzgang darfst du aber auch so besuchen. *E14*

4 MÉRTOLA

132 km südlich von Évora/1¾ Std. über die IP 2 und IC 27

Eingebettet in den Naturpark Vale do Guadiana, der sich im Südosten des Alentejos erstreckt, erhebt sich das bezaubernde Städtchen (2500 Ew.) am Ufer des Guadiana. In keinem anderen Ort Portugals sind die Spuren der Mauren so gut sichtbar wie hier, sogar die *Pfarrkirche* erinnert mit ihrem Grundriss noch immer mehr an eine Moschee als an eine katholische Kirche. Auf dem *Burggelände* kannst du maurische Ruinen bewundern, im *Museu de Mértola (Di–So 9.15–12.30 und 14–17.15 Uhr | museudemertola.pt)* archäologische Fundstücke. Eine phantastische Flussbadestelle findest du an der *Tapada Grande* 18 km östlich im einstigen Minenörtchen *Mina de São Domingos*. Das beeindruckendste Naturspektakel des Parque Natural ist die Stromschnelle *Pulo do Lobo* 24 km weiter nordwestlich. *E15*

SESIMBRA

(B13) **Im Rücken die grünen Ausläufer der Serra da Arrábida, vorn die gleißende See – das freundliche Küstenstädtchen ★ Sesimbra (10 000**

Ew.) ist ein idealer Ort zum Baden, Tauchen und vor allem zum Frischen-Fisch-Essen!
Nicht ohne Grund geht es im Fischerhafen geschäftig zu. Die im 16. Jh. errichtete *Fortaleza de Santiago* befindet sich unmittelbar am Meer und genau darum geht es auch im sehenswerten interaktiven *Museu Marítimo (Di–So 10–13 und 14.30–17.30, Juli–Mitte Sept. 15.30–19 und 20.30–23 Uhr | Facebook),* das innerhalb der städtischen Burgmauern untergebracht ist.

SIGHTSEEING

CASTELO

1165 entrissen Portugals Truppen den Mauren die Burg, die heute dank der Restaurierungsarbeiten des 20. Jhs. wie eine perfekte Mittelalterburg hoch über der Stadt thront. Der weite Mauerring umfasst ein kleines Wegenetz, eine Kirche mit Azulejos und Ruhebänkchen. Wie eine Burg in der Burg wirkt die *Alcáçova,* die einst als Residenz des Festungskommandeurs diente. Von dort aus hast du die schönsten Panoramablicke auf das Küstengebirge, den Atlantik und das Häusermeer von Sesimbra. Wenn du gut zu Fuß bist, nimm den markierten Wanderpfad, der vom Ort aus hinaufführt! *Tgl. 7–19, Sommer 10–20 Uhr | Auffahrt an der Straße zum Cabo Espichel*

INSIDER-TIPP
Statt Workout eine Burg erwandern

BURGSTÄDTCHEN IM ALENTEJO

Im Umland von Évora ragen einige sehenswerte Kastellorte aus der Landschaft empor, also auf zu einer wunderbaren Burgentournee! Zu den Highlights zählen das gut 20 km nordwestlich gelegene *Arraiolos* (*🕮 D12*), das auch für seine Teppichherstellung bekannt ist, oder das 30 km nordöstlich gelegene *Evoramonte* (*🕮 E12*) mit seinem symmetrischen Kastell. Auch das liebenswerte Städtchen *Estremoz* (*🕮 E11*) noch mal 18 km weiter nordöstlich wird von einer beeindruckenden Burganlage überragt; hier starb im 14. Jh. die später heiliggesprochene Königin Isabel. Apropos berühmte Bewohner: Im Burgstädtchen *Vila Viçosa* (*🕮 F12*) 65 km nordöstlich von Évora lebte ab dem 16. Jh. die Adelsfamilie von Bragança, die 1640 die letzte portugiesische Dynastie begründete. Deren riesigen *Palast (Mi–So 10–13 und 14–17, Sommer bis 18, Di 14–17, Sommer bis 18 Uhr | fcbraganca.pt)* kannst du heute besichtigen. Für das 85 km nordöstlich nahe der spanischen Grenze gelegene *Elvas* (*🕮 F11*), in dessen Unterstadt ein Aquädukt zu bewundern ist, lohnt sich wegen der Fülle an sehenswerten Monumenten schon ein Tagesausflug. Auch für das malerische *Monsaraz* (*🕮 F13*) etwa 55 km südöstlich von Évora und die wasserreiche Region des riesigen Stausees *Barragem do Alqueva* in der unmittelbaren Umgebung solltest du dir Zeit nehmen.

ESSEN & TRINKEN

O CANHÃO I

Eines der ältesten und typischsten Restaurants, in dem Fisch und Krustentiere die Speisekarte dominieren. *Tgl. | Rua da Fortaleza 13 | Tel. 2 12 23 14 42 | restauranteocanhao.pt | €€*

CANTINHO DA REGINA

Wenn du es gern etwas günstiger, familiärer oder auch einfach mal weniger meeresfruchtig magst, dann auf zu Reginas Snackbar! Sie macht dir auch ein buntes Vegetariergericht oder einen richtig guten *bacalhau.* Obwohl man von der schmalen Terrasse das Meer sieht, sind die Preise erstaunlich niedrig. *Di geschl. | Rua Heliodoro Salgado 1g | Tel. 2 12 23 51 82 | Facebook | €*

LOBO DO MAR

Wo sonst, wenn nicht am Hafen, gibts den besten und frischesten Fisch? Du bekommst ihn auf Holzkohle gegrillt oder als saftige *caldeirada* im Eintopf zu absolut fairen Preisen. *Mo geschl. | Av. dos Náufragos | Tel. 2 12 23 52 33 | lobodomar.com | €–€€*

STRÄNDE

Neben dem köstlichen Fisch sind die Strände das große Aushängeschild des Städtchens: Sesimbras Stadtstrände sind die *Praia do Ouro* im Westen und die *Praia da Califórnia* im Osten. Weiter nordwestlich liegen die auch bei Naturisten beliebte *Praia do Meco* und die *Praia da Lagoa de Albufeira* mit ihrer großen, bestens zum Kitesurfen geeigneten Lagune.

SPORT & SPASS

In der Gegend um Sesimbra kann man wunderbar wandern, z. B. hinauf zum Castelo oder in der nahen Serra da Arrábida. Trotz kaltem Wasser eignen sich die klaren Gewässer bestens zum Tauchen; Kurse oder Tauchgänge bietet z. B. *Nautilus Sub (Porto de Abrigo | Tel. 2 12 28 17 69 | nautilus-sub.com)* an.

AUSGEHEN & FEIERN

Gleich hinter den Stadtstränden von Sesimbra befindet sich um den *Largo da Marinha* und den *Largo Bombaldes* die belebte Bar- und Restaurantzone.

RUND UM SESIMBRA

5 CABO ESPICHEL

15 km westlich von Sesimbra/25 Min. über die N 379

Je näher du dem markanten Kap am Südwestzipfel der Halbinsel kommst, desto karger wird die Landschaft. Nahe dem Leuchtturm endet die Straße bei der *Igreja de Nossa Senhora do Cabo.* In dieser barocken Wallfahrtskirche aus dem 18. Jh. verehren die Gläubigen die Muttergottes vom Kap, die – so der Volksglaube im 14. Jh. – die steilen Klippen hinaufgestiegen sein soll. In Wahrheit stammen die Fußabdrücke auf den Klippen jedoch von Dinosauriern, was nicht weniger spektakulär ist! Diese *pegadas* kannst du dir auf der kleinen, als *Maravilhas do Cabo* ausgeschilderten Wanderung anschauen. Im sympathischen Café *I love Espichel (Mi geschl. | Facebook)* neben den einstigen Pilgerunterkünften kannst du dich danach stärken. Und wenn du immer schon mal einen Leuchtturm besichtigen wolltest: Mittwochnachmittags gibts Gratisführungen durch den 1790 gebauten *farol*. *A13*

6 PARQUE NATURAL DA ARRÁBIDA

17 km bis zum Portinho da Arrábida nordöstlich von Sesimbra/30 Min. über die M 525

Östlich von Sesimbra erstreckt sich die Serra da Arrábida bis auf eine Höhe von über 500 m. Die Panoramastraße N 379-1 führt durch das Gebirge und eröffnet immer wieder phantastische Aussichten. An kleinen Strandbuchten wie *Portinho da Arrábida* kann man windgeschützt in klarem Wasser baden. Die *Praia do Portinho da Arrábida* liegt landschaftlich so wunderschön und das Wasser schimmert bei Sonnenschein so tiefblau, dass der Strand zu einem der sieben „Naturwunder Portugals" gekürt wurde.

Am Nordostrand des Naturparks schmiegt sich die Altstadt von *Palmela* (19 000 Ew.) an einen steilen Burghügel. Die geschichtsträchtige Festung lohnt schon allein wegen ihrer traumhaften Aussicht einen Abstecher. Inmitten der monumentalen Burganlage erhebt sich die gotische *Igreja de Santiago de Palmela* aus dem 15. Jh., außerdem kannst du in der gemütlichen *Taverna o Bobo da Corte (Mo/Di und außer Fr/Sa abends geschl. | Tel. 9 35 20 59 36 | Facebook | €€)* einkehren. *B12–13*

Leuchtturm am Cabo Espichel: Hier ist die Costa Azul zu Ende

7 SETÚBAL

30 km nordöstlich von Sesimbra/ 40 Min. über die N 379 und N 10

An der Peripherie der 90 000-Ew.-Stadt sind die Industrieanlagen nicht zu

Küste bei Porto Covo: Immer leerer werden die Strände südlich von Sines

übersehen. Die geschäftige Innenstadt um die Praça de Bocage und die Avenida Luísa Todi sowie der Sporthafen lohnen aber einen Besuch, allein schon, um in einem der vielen Lokale den berühmten *choco frito* (frittierten Tintenfisch) zu probieren oder einen Blick auf die manuelinisch verzierte *Igreja de Jesus* zu werfen. Hoch über der Stadt und dem Meer thront die Burg *São Filipe* aus dem 17. Jh. Setúbal ist übrigens Namensgeber des süffigen Moscatel de Setúbal, eines Süßweins mit ca. 20 Prozent Alkoholgehalt, der im Umland, vor allem in der Gegend um Azeitão, produziert wird.

Fähren und Katamarane verbinden Setúbal über die Mündung des Sado hinweg in 25 bzw. 15 Minuten mit der Nordspitze der *Halbinsel Tróia* (Fahrpläne unter *atlanticferries.pt*). Wie eine riesige Nadel liegt Tróia zwischen Atlantik und Sadodelta. Regelmäßige Besucher des riesigen Mündungsbereichs des Rio Sado sind die Großen Tümmler, die du ebenso wie die fotogenen Rosaflamingos bei einer Tierbeobachtungsausfahrt mit dem auf Nachhaltigkeit bedachten Team von *Vertigem Azul (vertigem azul.com)* bestaunen kannst. Am Strand von Tróia weht ein Hauch von Luxus, hier gehen auch die Reichen und

Schönen baden. Kein Wunder – die *Praia de Tróia* ist mit ihrem endlos langen, hellen Sandstrand einfach wunderschön. B12

8 COSTA ALENTEJANA

105 km bis Sines südlich von Sesimbra/2½ h über Setúbal und Tróia inkl. Fährüberfahrt

Ein Abstecher zur Alentejoküste führt mit der *Fähre (tagsüber mindestens stdl., Fahrzeit 25 Min.)* von Setúbal auf die Landzunge von Tróia und weiter nach *Sines* (13 000 Ew.), dem Geburtsort von Vasco da Gama. Die Altstadt ist nett, doch die Umgebung wird von Portugals wichtigstem Ölhafen verschandelt. Muss es ja auch irgendwo geben, doch wenn du schöne Strände suchst, fahr ein paar Kilometer raus, z. B. nach Norden.

Besonders schön: die *Praia de Santo André,* die sich unmittelbar an den natürlichen Lagunensee mit Meerwasser, die *Lagoa de Santo André,* anschließt. Zusammen mit der kleinen *Lagoa de Sancha* steht das Gebiet mit den kilometerlangen Sandstränden unter Naturschutz. Das Hinterland ist von Kiefern und Korkeichen durchsetzt.

Südlich von Sines locken erst der Urlaubsort *Porto Covo* mit seinen Stränden und dann das idyllische Städtchen *Vila Nova de Milfontes* an der Mündung des Rio Mira. Ein tolles Erlebnis ist eine SUP-Tour über den Fluss; mit *SW SUP (swsup.pt)* erkundest du die blaugrüne Landschaft. B14–15

INSIDER-TIPP
Auf dem Rio Mira stehen

SCHÖNER SCHLAFEN IM ALENTEJO UND AN DER COSTA AZUL

BACK TO NATURE

Keine Hochspannungsleitungen weit und breit, keine Straßengeräusche, keine Lichtverschmutzung: In der *Sublim'Ecolodge (Tel. 935825004 | sublimecolodge.com | €€)* bei Abela östlich von Sines bist du in einer anderen Welt, mit freier Sicht auf den Sternenhimmel, umgeben von raschelnden Bäumen. Die sieben Saharazelte sind mit WC und Dusche ausgestattet, baden kannst du aber auch im 24 m langen Pool – Glamping vom Feinsten!

ALGARVE

MILDES KLIMA, STRÄNDE UND STEILKÜSTEN

Sonniges Klima, feiner Sand, kristallklares Wasser und bizarre Felsformationen – beim Stichwort Algarve denkst du bestimmt genauso wie die meisten Portugiesen sofort an Urlaub!
Und in der Tat, die Strände sind einfach phantastisch: wild, windig und wellenreich an der zerklüfteten Westküste, mit pittoresken Buchten und türkisfarbenem Wasser an der fotogenen Felsalgarve (Barlavento) und schier endlos an der von langen Düneninseln gesäumten Sandalgarve (Sotavento).

Eine von vielen Dutzend Strandbuchten des Barlavento: Praia do Três Irmãos bei Alvor

Nicht weit vom Meer entfernt findest du außerdem charmante Bergdörfer und hinreißende Wanderpfade, sei es im hügeligen Hinterland der Serra de Monchique oder an der rauen Westküste. Und dann punkten manche Städtchen auch noch mit kulturellen Schätzen, schließlich hielten sich hier bis ins 13. Jh. die Mauren auf und auch das Zeitalter der portugiesischen Entdecker hinterließ seine Spuren. Ausführliche Informationen findest du im MARCO POLO Reiseführer „Algarve".

ALGARVE

MARCO POLO HIGHLIGHTS

★ **PRAIA DA FALÉSIA**
Die kilometerlange Komposition aus Sandstrand und rostroten Felsmassiven ist eines der schönsten Fleckchen Portugals für Sonnenanbeter ➤ S. 117

★ **LAGOS**
Ein äußerst geschichtsträchtiges Pflaster mit Topstränden und lebhaften Gassen ➤ S. 112

★ **COSTA VICENTINA**
Die ungezähmte Küste beginnt nördlich des Cabo de São Vicente – hier finden sich abgeschiedene Strände für Entdecker
➤ S. 114

★ **PONTA DA PIEDADE**
Grotten mit Felsformationen, Tunnel und Tore bilden einen bizarren Küstentraum
➤ S. 113

★ **CABO DE SÃO VICENTE**
Zerklüftete Landschaft, raue Winde und hohe Wellen – rund um diese Landspitze walten die Urkräfte der Natur ➤ S. 114

★ **TAVIRA**
An der Flusspromenade, auf dem Burghügel und an der Praça da República versprüht das Städtchen sein freundliches Flair ➤ S. 121

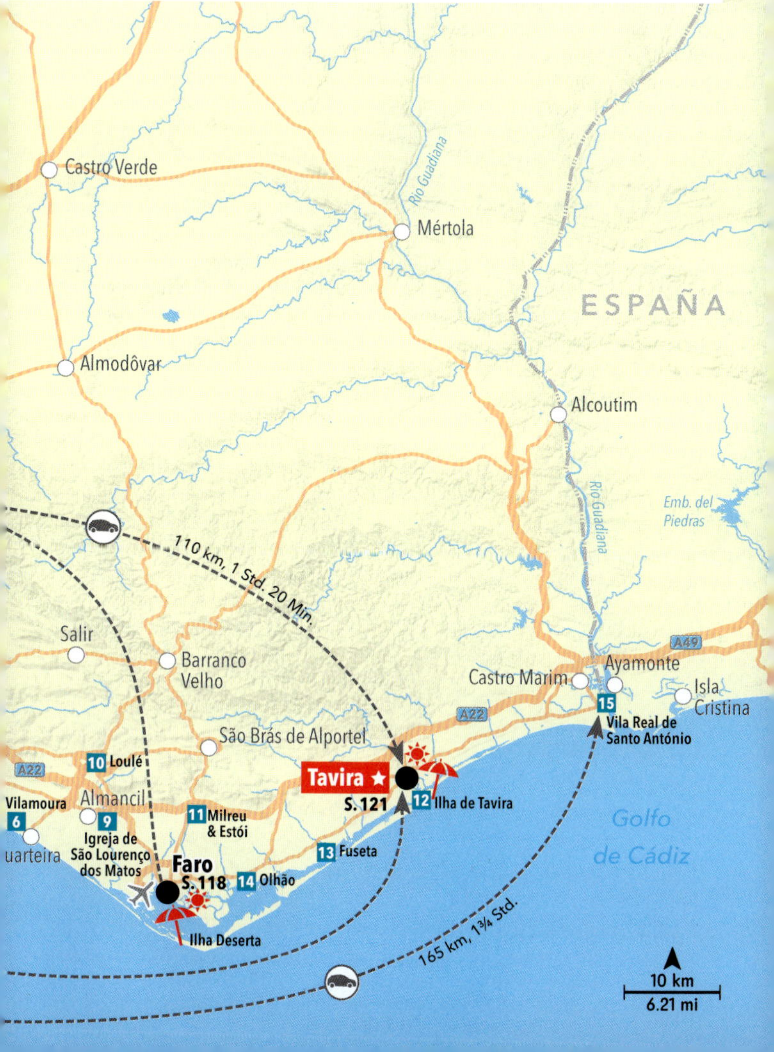

Er hat den Schnabel schön: Tukan im Zoo de Lagos

LAGOS

(□ C17) **Langer Sandstrand oder doch lieber malerische Felsbuchten? Flanieren durch die Gässchen der Altstadt oder eine Bootsfahrt entlang der spektakulären Küste? In ★ Lagos (24 000 Ew.) hast du die Qual der Wahl.**

Die Mündung der Ribeira de Bensafrim bot schon den Phöniziern einen gut geschützten Ankerplatz, in römischen Zeiten entstand dann hier die Stadt Lacóbriga. Wenn du heute durch die noch fast komplett von einer Stadtmauer umschlossene Altstadt streifst, findest du so manche Spuren der einstigen Bedeutung – vor allem in Form von Statuen, die an die spannenden Zeiten der Entdeckungsfahrten erinnern: Lagos war der letzte ruhige Hafen, den die Schiffe ansteuern konnten, bevor es in den stürmischen Atlantik hinausging.

SIGHTSEEING

MUSEU MUNICIPAL

Das Highlight des Stadtmuseums mit seiner sammelsuriumartigen Exponatenfülle ist eindeutig die barocke *Igreja de Santo António* aus dem 18. Jh., die nur durch das Museum besucht werden kann. Mit ihrem üppigen vergoldeten Schnitzwerk, *talha dourada* genannt, und den Azulejos ist sie zumindest von innen eine der prächtigsten der Algarve. Die Gemälde an den Seitenwänden zeigen die Wunder des in Portugal äußerst beliebten hl. Antonius von Padua, der 1195 in Lissabon geboren wurde. *Di–So 10–13 und 14–18 Uhr | Rua General Alberto Carlos da Silveira | ⏲ 45 Min.*

FORTE DA PONTA DA BANDEIRA

Die kleine Festung an der Flussmündung wurde im 17.Jh. zur Verteidigung des Hafens erbaut. Im Innenhof betrittst du die winzige, mit Azulejos ausgekleidete Kapelle und steigst zur aussichtsreichen Plattform hinauf. *Di–So 10–13 und 14–18 Uhr*

PONTA DA PIEDADE ★

Lagos' südliche Landspitze präsentiert sich äußerst bizarr und grottenzerfurcht. Von den Vogelfelsen ist wildes Möwengekreische zu hören und das Meer schimmert grünlich. Auf den Küstenpfaden (Vorsicht: Absturzgefahr!) hast du traumhafte Ausblicke auf die Klippen. Andere Perspektiven bieten die nahen Badebuchten und Bootstrips durch die natürlichen Bögen und Grotten.

ESSEN & TRINKEN

DON SEBASTIÃO

Bestens geeignet, um beim Tafeln auf der Terrasse das vorbeiströmende Leben in der Fußgängerzone zu beobachten. Weitere, preislich ähnlich gelagerte Restaurants finden sich in derselben Straße. *Tgl. | Rua 25 de Abril 20–22 | Tel. 282780480 | restaurantedonsebastiao.com | €€*

STRÄNDE

Nordöstlich der Stadt erstreckt sich die kilometerlange *Meia Praia.* Weiter südlich beginnen die kleinen Strandbuchten hinter dem Forte da Ponta da Bandeira und ziehen sich Richtung Ponta da Piedade. Diese felsenflankierten Strände, darunter die beliebte *Praia de Dona Ana,* zählen zu den schönsten der Algarve – im Sommer kann es daher an den Stränden und auf den Zufahrten bisweilen ganz schön eng werden. Ein Sträßchen führt zur noch weiter südwestlich gelegenen *Praia do Porto de Mós.*

AUSGEHEN & FEIERN

Zahlreiche Kneipen und Restaurants findest du in der Altstadt um die *Praça Gil Eanes,* die *Rua Afonso d'Almeida* und die *Rua 25 de Abril.*

RUND UM LAGOS

1 ZOO DE LAGOS

12 km nordwestlich von Lagos/ 20 Min. über die N 120 und Bensafrim

Exotische Tiere, Vögel und Affen: In diesem liebevoll gepflegten Privatzoo leben sie alle verhältnismäßig artgerecht, in einem Bereich hüpfen zum Beispiel die Kängurus frei herum. Auf den Wegen stolzieren dir die Pfauen entgegen und am kleinen See stehen die Flamingos auf einem Bein. Im Streichelzoo können die Kleinen dann auf Tuchfühlung gehen. *Tgl. 10–17, April–Sept. bis 19 Uhr | Sítio do Medronhal | Barão de São João | zoolagos.com |* *B17*

2 SAGRES & CABO DE SÃO VICENTE

32 km bis Sagres südwestlich von Lagos/35 Min. über die N 125

In der mächtigen *Fortaleza (tgl. 9.30–17.30, im Sommer bis 20 Uhr)* von Sagres, die eine lang gezogene und aussichtsreiche Landzunge befestigt, soll Heinrich der Seefahrer im Mittelalter die Gelehrten der Nautik versammelt haben. Heute versammeln sich im Surferstädtchen *Sagres* (1900 Ew.) vor allem Surfer, die sich ganzjährig an den Wellen der Umgebung erfreuen. Dementsprechend lebhaft geht es inzwischen auch in den Lokalen zu.

Apropos lebhaft: Wenn du dich für Fischerei interessierst, fahr mal runter in den Hafen von Sagres! Wenn die bunten Boote voll beladen in den Hafen einfahren, beginnt das Spektakel. Noch beeindruckender ist das Treiben am Nachmittag in der *Auktionshalle (Mo–Fr 7.30–13.30 und 15–20 Uhr)*. Von weit her kommen Händler und Küchenchefs, um den fangfrischen Fisch und die wertvollen Meeresfrüchte zu ersteigern – die Fischauktion von Sagres gilt als eine der besten in Europa.

Von Sagres sind es dann nur noch 5 km bis zum sagenumwobenen ★ *Cabo de São Vicente*, das häufig von Wind und Wellen gepeitscht wird. Endstation ist der Parkplatz nahe dem leistungsstärksten Leuchtturm Europas. An der Zubringerstraße ab Sagres ist die *Praia do Beliche* einen Stopp wert. Dieser herrliche Strand, der auch bei Surfern beliebt ist, liegt versteckt in der Tiefe; ab dem Parkplatz geht es über Treppen hinab. *B17*

3 COSTA VICENTINA ★

40 km bis Arrifana nordwestlich von Lagos/40 Min. über die N 120

Wildromantisch, rau und über weite Strecken nahezu menschenleer – so zeigt sich die Südwestkante Portugals, die als *Parque Natural do Sudoeste Alentejano e Costa Vicentina* unter Naturschutz steht. Überall wachsen Kiefern und Agaven, im Frühjahr blühen die Zistrosen. Der wunderschöne Fernwanderweg *Rota Vicentina* führt entlang der Klippenlandschaft oberhalb des Ozeans, die immer wieder von imposanten Strandbuchten unterbrochen wird.

Besonders schöne Sandstrände liegen bei *Carrapateira*. Die *Praia do Amado* ist eine beliebte Destination bei Wellenreitern. Surfkurse bietet u. a. das *Amado Surfcamp (amadosurfcamp.*

com) an. Unbedingt einen Abstecher verdient das idyllische Fischerörtchen *Arrifana* mit seiner fotogenen Halbmondbucht und den chilligen Surferbars und Fischlokalen.

Nördlich des ebenfalls besuchenswerten Burgstädtchens *Aljezur* mit seinem kostenlos zugänglichen *Kastell* und seiner niedlichen Markthalle befinden sich die *Praia da Amoreira* und die *Praia de Odeceixe.* Und wenn du die Westküste einmal mit ganz besonderen Begleitern erkunden möchtest, begib dich auf eine Eselswanderung: Sofia von Mentzingen betreibt in der Nähe von Aljezur den Eselshof *Burros & Artes (eselwandern-algarve.blogspot.pt).* B15–17

NSIDER-TIPP
Mit Langohren den wilden Westen erwandern

4 SERRA DE MONCHIQUE

40 km bis Caldas de Monchique nordöstlich von Lagos/40 Min. über die A 22 (Ausfahrt 5)

Du möchtest mal ein bisschen Bergluft schnuppern? Das kleine Gebirge, das an seiner höchsten Stelle, der aussichtsreichen Bergkuppe *Fóia,* 902 m misst, ist ein beliebtes Wandergebiet. Man streift durch Korkeichenwälder und vorbei an Erdbeerbäumen. An der kurvenreichen Auffahrt liegt, umgeben von üppiger Vegetation, das Thermalbad *Caldas de Monchique.* Die Heilwirkungen des Wassers wussten schon die Römer zu schätzen. Auf der Weiterfahrt wartet der Ort *Monchique,* wo du im urigen *A Charrette (Mi geschl. | Rua Dr. Samora Gil 30 | Tel. 282 91 21 42 | €€)* deftige Wurst- und Fleischspezialitäten aus dem Gebirge verspeist. C16

Windumtost markiert der Leuchtturm am Kap São Vicente Europas Ende

5 PORTIMÃO

22 km östlich von Lagos/35 Min. über die N 125

Neben Faro ist die Stadt (49 000 Ew.) an der Mündung des Rio Arade die wichtigste der Algarve. Im Zentrum spielt sich ein ganz normales Leben ab, an den Stränden des Ortsteils *Praia da Rocha* hingegen geht, vor allem im Sommer, ordentlich die Post ab. Etwas beschaulicher ist es im nahen *Alvor* an der idyllischen Lagunenlandschaft *Ria de Alvor.* Wer sich für Industriekultur interessiert, findet du in Portimão das spannende *Museu de Portimão (Di 14.30–18, Aug. 19.30–23, Mi–So 10–18, Aug. 15–23 Uhr | Rua Dom Carlos I | museudeportimao.pt).* Es ist in der ehemaligen Sardinenfabrik untergebracht und lässt die Konservenindustrie wieder aufleben. C17

ALBUFEIRA

(D17) **Kaum zu glauben, dass diese weit ausgreifende Feriengemeinde (29 000 Ew.) einst eine kleine Fischersiedlung war. Heute tobt in Albufeira im Sommer der Bär.**

Das merkst du nicht nur am Stadtstrand, sondern auch in den lebhaften Gassen rund um die *Rua 5 de Outubro* mit ihren Tourikneipen und Souvenirläden. Doch nicht überall ist Remmidemmi! Nur ein paar Schritte weiter verstecken sich im historischen Zentrum noch ein paar hübsche Kirchen und das *Museu Municipal de Arqueologia* mit seinen Fundstücken aus römischen und maurischen Zeiten.

ESSEN & TRINKEN

TRÊS COROAS

Dank der tollen Lage auf dem Altstadthügel genießt man hier die klassischen Fisch- und Fleischgerichte bei bester Aussicht. *Tgl. | Rua do Correio Velho 8 | Tel. 967 99 22 41 | €€*

VILA JOYA

Du willst dir mal was Besonderes gönnen? Dann lass dich in dem mit zwei Michelinsternen ausgezeichneten Gourmetrestaurant von den ausgefallenen Kreationen des Küchenchefs Dieter Koschina überraschen! *März–Nov. tgl. | Praia da Galé | Tel. 289 59 17 95 | vilajoya.com | €€€*

Strandspaziergänge, Badewanne, Sunset-Romantik: Die Praia da Falésia ist kaum zu toppen

SPORT & SPASS

In der Marina starten Bootsfahrten zu den Grotten entlang der Küste, z. B. mit *Algarve Charters (algarvecharters.com)*, zur Delphinbeobachtung, z. B. mit *Dream Wave (dreamwavealgarve.com)*, oder Tauchausflüge, z. B. mit *Easy Divers (easydivers.pt)*. Im Ortsteil Guia befindet sich der „tierische" Freizeitpark *Zoomarine (zoomarine.com)* mit Wasserrutschen und Riesenrad.

STRÄNDE

Der rummelige Stadtstrand heißt *Praia dos Pescadores*, westlich der Stadt liegt die schon etwas ruhigere *Praia da Galé*. 5 km östlich, vor rostroten Felswänden mit Kiefernhainen und Mittagsblumen, erstreckt sich am Übergang zwischen Sand- und Felsalgarve einer der schönsten Strände Portugals, die ★ *Praia da Falésia*. Sie verlockt nicht nur zu ausgiebigen Strandspaziergängen, sondern auch zu Fotosessions zum Sonnenuntergang.

AUSGEHEN & FEIERN

Das Nachtleben tobt – vor allem im Sommer – insbesondere im Zentrum rund um die *Rua 5 de Outubro* und die *Rua Cândido dos Reis* und am sogenannten „Strip", der *Avenida Sá Carneiro*.

RUND UM ALBUFEIRA

6 VILAMOURA

17 km östlich von Albufeira/25 Min. über die M 526

Die aus der Retorte gestampfte Kleinstadt ist in der Schickimickiszene eine Institution. Rund um den riesigen Yachthafen mit seinen 1000 Liegeplätzen tummeln sich in den Bars und Boutiquen die Reichen und Schönen. Wenn du dich hier unters Volk mischen möchtest, versuch es mal im angesagten *Restaurante Haven (mittags geschl. | Marina 2 | Tel. 2 89 32 34 55 | haven.pt | €€€)*. *D17*

7 LAGOA

29 km westlich von Albufeira/30 Min. über dieA 22

An der recht untouristischen Kreisstadt (10 000 Ew.) fahren die meisten vorbei – auf dem Weg zu den wunderschönen Strandbuchten nahe Benagil (vor allem zur malerischen *Praia da Marinha*) oder zu den Felstürmen des *Algar Seco* bei Carvoeiro. Im Sommer füllt sich tagtäglich das Rutschenparadies *Slide & Splash (stark gestaffelte Zeiten s. Website | slidesplash.com)* mit großen und kleinen Wasserratten, die sich mutig die Riesenrutschen hinunterstürzen.

Doch wenn du schon in der Gegend bist, halte auch in Lagoa selbst! Mindestens für einen Bummel durch die nette Altstadt oder durch die Kunstgalerie *Lady in Red (Facebook: lirgaleriadearte)*, die in einen Gebäudeteil der Weinkooperative Única eingezogen ist. Wenn du dich für Keramik interessierst: Zwischen Lagoa und Porches haben sich mehrere Töpfereien entlang der N 125 angesiedelt; hier werden farbenfrohe Keramikarbeiten produziert. *C17*

8 SILVES

28 km nordwestlich von Albufeira/40 Min. über die N 269

Einst hieß Silves (11 000 Ew.) Xelb und war die prachtvolle Hauptstadt der maurischen Provinz Al-Gharb. Heute kannst du dich in der mächtigen *Burganlage (Kernzeit tgl. 9–17.30, im Sommer länger | 30 Min.)* aus rotem Sandstein auf Spurensuche begeben: Was ist geblieben von der Herrschaft der Mauren? Oder du setzt dich einfach in eines der sympathischen Cafés in der hübschen Altstadt rund um die älteste Kathedrale der Algarve und genießt das Hier und Jetzt. *C16*

FARO

(D17) **In der Algarve-Hauptstadt (46 000 Ew.) dreht sich nicht alles um Touristen: Hier gibts auch eine Uni, Handel und Gewerbe. Und das alles direkt an der großartigen Lagunenlandschaft der Ria Formosa.**

Dröhnende Jets beim Landeanflug auf den Flughafen gehören ebenso zu Faros Geräuschkulisse wie das Geklapper von Storchenschnäbeln. Du kannst wunderbar durch die Altstadt und die belebte Fußgängerzone spazieren oder

Panoramablick übers Dächermeer: Glockenturm der Kathedrale von Faro

auf einer der vorgelagerten Düneninseln baden gehen. Allein der Weg dorthin – per Boot durch die Lagunen und Kanäle der naturgeschützten Ria Formosa – ist ein Highlight!

SIGHTSEEING

MUSEU MUNICIPAL

Das Stadtmuseums ist in einem wunderschönen Renaissancebau untergebracht, dem Kloster *Nossa Senhora da Assunção* aus dem 16. Jh. mit seinem zweistöckigen Kreuzgang und dem hübschen Garten. Drinnen gibts Fundstücke aus römischer, westgotischer und maurischer Zeit und eine Gemäldegalerie lokaler Renaissance- und Barockmaler. *Di–Fr 10–18, Sa/So 10.30–17 Uhr | Praça Afonso III 14 | 45 Min.*

SÉ

Faros Kathedrale aus dem 13. Jh. liegt inmitten der Altstadt. Im Kirchenbau fallen die Azulejos und die rötlich-goldene Orgel ins Auge. Ein gesonderter Eingang führt zum *Glockenturm*, von dem der Blick über die angrenzende Lagunenlandschaft schweift. *Mo–Fr 10–18, Sommer bis 19.30, Sa 9.30–16 Uhr | 30 Min. inkl. Turm*

CAPELA DOS OSSOS

Achtung, Gruselgefahr! Die der *Igreja do Carmo* angeschlossene Knochenkapelle wurde im 19. Jh. mit einer Wand- und Deckendekoration aus menschlichen Knochen und Totenschädeln von mehr als 1200 Mönchen ausgestattet. *Mo–Fr 9–17, im Sommer bis 18, Sa 9–13 Uhr | Largo do Carmo*

ESSEN & TRINKEN

A VENDA

Das kleine, gemütliche Tapaslokal wird von jungen Leuten geführt, auch wenn Einrichtung und Geschirr an Omas Wohnzimmer erinnern. Die Gerichte sind ausgefallen, kreativ, frisch und gut gewürzt, außerdem ist es ein Paradies für Vegetarier. *Mo-Mittag und So geschl. | Rua do Compromisso 60 | Tel. 289825500 | Facebook* | €

SPORT & SPASS

Ein Erlebnis ist ein Bootstrip durch die vogelreichen Wasserweiten der Ria Formosa. *Formosamar (formosamar.com)* hat Fischerboote zu Ausflugsschiffchen umgerüstet und bietet Kajaktouren durch das Naturschutzgebiet sowie Birdwatchingexkursionen zu Fuß an.

STRÄNDE

Zu den vorgelagerten Düneninseln, vor allem zur *Ilha da Culatra,* verkehren regelmäßig Fähren. Ein echtes Highlight ist der Besuch der einsamen *Ilha Deserta (ilha-deserta.com),* auf der sich außer einem Restaurant und einem kleinen Wanderpfad durch die Dünen zum südlichsten Punkt Portugals nichts befindet. Auch im Hochsommer wird es an diesem phantastischen Sandstrand nie voll. Das Boot dorthin legt direkt neben der Altstadtmauer ab.

AUSGEHEN & FEIERN

Die auch bei den Studenten beliebte Hauptausgehzone liegt um die sogenannte *Rua do Crime,* die Rua do Prior. Livemusik und tolle Aussichten auf den Sonnenuntergang über der Ria Formosa gibt es im *O Castelo* an der Altstadtmauer.

De Zoch kütt ... nach Loulé: Das Algarvestädtchen ist Portugals Karnevalhochburg

RUND UM FARO

9 IGREJA DE SÃO LOURENÇO DOS MATOS

12 km nordwestlich von Faro/15 Min. über die IC 4

Auch wenn du dich sonst nicht für Kirchen interessierst, diese Barockkirche in Almancil hat es in sich: Ihre über und über mit blau-weißen Azulejos verzierten Wände, die aus dem Leben des hl. Laurentius erzählen, sind einzigartig in Portugal. *Mo 15–18, Di–Sa 10–13 und 15–18, im Winter bis 17 Uhr* | *D17*

10 LOULÉ

17 km nordwestlich von Faro/20 Min. über die IC 4 und N 125-4

Auch wenn in der Karnevalshochburg gerade kein Fest gefeiert wird, Loulé (25 000 Ew.) ist ein äußerst reizendes und liebenswertes Städtchen. Das Zentrum lässt sich wunderbar zu Fuß erkunden: Man schlendert durch die hübschen Altstadtgässchen mit ihren maurischen Spuren, stöbert in den sympathischen Geschäften der Innenstadt und schaut vor allem in die riesige Markthalle, denn Loulé eignet sich bestens zum Shoppen von Korkprodukten! *D17*

11 MILREU & ESTÓI

10 km nördlich von Faro/15 Min. über die N 2

In *Milreu (Mai–Sept. tgl. 10–18, Okt.–April 9–17 Uhr)* badeten vor 2000 Jahren römische Großgrundbesitzer; die ausgegrabenen Reste ihrer Villa und Thermen kannst du heute bewundern. 1 km weiter ist der herrschaftliche *Palácio de Estói* aus dem 19. Jh. zur Pousada umgestaltet worden. Den zauberhaften Garten darfst du dir aber auch anschauen, wenn du nicht hier logierst. *E17*

TAVIRA

(E17) **Die Lage am lieblich dahinfließenden und mit hübschen Brücken überspannten Rio Gilão, die vielen Kirchen und die typischen weißen Walmdachhäuschen verleihen ★ Tavira (15 000 Ew.) etwas enorm Malerisches.**

Erkunde die Gässchen zu beiden Seiten des Flusses, spazier von einer Kirche zur nächsten – es gibt über 20! Als schönste gilt die Renaissancekirche *Igreja da Misericórdia* am Ende der Rua da Galeria: Die Innenwände sind mit herrlichen Azulejos ausgekleidet, der Altaraufsatz erstrahlt golden. Oder setz dich einfach an die *Uferpromenade,* in den idyllischen *Jardim Público* mit seinen Schatten spendenden Palmen neben der alten Markthalle oder in eines der einladenden Straßencafés an der geschäftigen *Praça da República* und betrachte das Treiben.

SIGHTSEEING

OBERSTADT

Ein kurzer Weg führt von der Praça da República in die Oberstadt mit ihrer winzigen, mittelalterlichen *Burg (Mo–Fr 8.30–17, im Sommer bis 18,*

Sa/So 9–17, im Sommer 10–19 Uhr) und ihren hübsch gestalteten Grünanlagen. Direkt nebenan erheben sich die *Igreja de Santa Maria* aus dem 13. Jh., der *Palácio da Galeria* mit wechselnden Ausstellungen sowie die *Camera Obscura (Mo–Fr 11–15 Uhr | torredetavira.com),* ein ehemaliger Wasserturm, in dem du das malerische Städtchen und seine Umgebung aus ziemlich ungewöhnlicher Perspektive betrachten kannst.

ESSEN & TRINKEN

AQUASUL

Bunte Mosaike schmücken das verspielte Lokal in dem Altstadtgässchen auf der Nordseite des Rio Gilão. Kunst steckt nicht nur in allen Winkeln des Restaurants, egal ob im Innenraum oder auf der Esplanade, sondern auch in den italienisch angehauchten Gerichten des (auch für Vegetarier!) abwechslungsreichen Menüs. Unbedingt reservieren! *Mittags und So/Mo geschl. | Rua Doutor Augusto Silva Carvalho 11 | Tel. 281325166 | Facebook: restaquasul | €€*

RUND UM TAVIRA

12 ILHA DE TAVIRA

4 km südwestlich von Tavira/20 Min. mit der Fähre

Die 10 km lange Düne ist von rarer Schönheit. Bootszubringer legen ganzjährig von der außerhalb Taviras gelegenen Station Quatro Águas ab, im Sommer geht es gewöhnlich nahe der einstigen Markthalle von Tavira los. Auf der Insel gibt es eine Restaurantzone und einen Campingplatz und im Sommer leider auch ziemlich viele Mücken. Aber der Strand – traumhaft! *E17*

13 FUSETA

15 km südwestlich von Tavira/20 Min. über die N 125

Von der Anlegestelle des kleinen Hafenorts (1900 Ew.) gelangt man nach fünf Minuten Bootsfahrt durch die Ria Formosa auf die *Ilha de Fuseta* mit ihrem wunderbaren Sandstrand. Sie ist eine Verlängerung der *Ilha da Armona,* theoretisch kannst du am (sogar im Sommer erstaunlich leeren) Strand entlang bis dorthin laufen. Zurück im Küstenort selbst, findest du an der Uferpromenade ein paar Bars, köstlichen gegrillten Fisch gibt es nahe der Markthalle in der *Casa Corvo (Mo geschl. | Largo 1° de Maio 1 | Tel. 916127466 | €).* Statte auch der etwas erhöht am Ortsrand gelegenen *Dorfkirche* einen Besuch ab – von ihrem Vorplatz hast du einen schönen Blick über die kubischen Dächer und die Ria. *E17*

INSIDER-TIPP
Einsames Bad auf der Düneninsel

14 OLHÃO

28 km südwestlich von Tavira/25 Min. über die A 22 und die N 398

Etwas eigenwillig, aber erfrischend untouristisch präsentiert sich die Fischerstadt (14 000 Ew.) an der Ria Formosa. In den labyrinthischen Gassen der Alt-

Strategisches Plätzchen: An Taviras Praça da República bist du im Zentrum des Geschehens

stadt verlierst du dich zwischen winzigen, idyllischen Plätzen und weißen, kubischen Häusern, in den riesigen *Markthallen* zwischen unzähligen Fischständen und im Hafen kannst du live mitansehen, dass es wirklich noch Menschen gibt, die vom Fischfang leben. *E17*

15 VILA REAL DE SANTO ANTÓNIO

22 km östlich von Tavira/25 Min. über die N 125

Das geschäftige 12 000-Ew.-Städtchen liegt an den Ufern des Guadiana, der Portugal von Spanien trennt. Dreh- und Angelpunkt im Zentrum ist die *Praça do Marquês de Pombal* mit ihren Orangenbäumchen. Die Geschäfte in der angrenzenden Fußgängerzone fahren eine große Auswahl an preisgünstigen Haushaltswaren auf.

Schön angelegt ist die Flusspromenade Avenida da República mit Palmen, Bänken und Wasserspielen. Bei *Riosul (riosultravel.com)* kannst du Bootstouren auf dem Guadiana buchen. Das Hinterland prägt ein unter Naturschutz stehendes Feuchtgebiet, das sich bis zum 4 km entfernten Burgort Castro Marim ausdehnt. Dort in den Salinen lassen sich mit etwas Glück Flamingos beobachten.

Auf dem Weg nach Vila Real lohnen sich Zwischenstopps in *Cacela Velha,* einem winzigen Dorf mit weitem Ausblick über die Feuchtgebiete der Ria Formosa, und im lebhaften *Monte Gordo.* Dort herrscht an Cafés und Restaurants kein Mangel und die langen Sandstrände, die sich bis zur Mündung des Guadiana erstrecken, laden zu einer Badepause ein. *F16*

ERLEBNIS TOUREN

Lust, die Besonderheiten der Region zu entdecken? Dann sind die Erlebnistouren genau das Richtige für dich! Ganz einfach wird es mit der MARCO POLO Touren-App: Die Tour über den QR-Code aufs Smartphone laden – und auch offline die perfekte Orientierung haben.

1 KURZWANDERUNG IM NATIONALPARK PENEDA-GERÊS

- Alte Wassermühlen und einen Wasserfall bewundern
- Über historische Pflastersteine und Karrenwege wandern
- Deftige Bergküche im steinernen Gasthaus genießen

Start	Soajo	Ziel	Soajo
Strecke	5,9 km	Dauer	½ Tag, reine Gehzeit 1 ½–2 Stunden
Schwierigkeit	leicht	Höhenmeter	300 m

Das Restaurant **Saber ao Borralho** in **1 Soajo** ist montags und dienstags geschlossen.
Im Hochsommer ist die Tour nur bei nicht zu heißem Wetter zu empfehlen.

Bei rauer See macht der „Höllenschlund" Boca do Inferno bei Cascais seinem Namen Ehre

GRÄBER AUF STELZEN? NEIN: MAISSPEICHER!

Das Bergdörfchen ❶ **Soajo** ist berühmt für seine 24 erhaltenen *espigueiros:* steinerne Minihäuschen, typisch für Nordportugal und Nordwestspanien, in denen der Mais geschützt vor Nagetieren und Vögeln zum Trocknen gelagert wird. Mit ihren Kreuzen sehen sie aus wie Gräber auf Stelzen. *Park am besten beim Café Casa do Povo.* Gleich gegenüber liegt das winzige alte Waschhaus.

Genau dort ist der Weg auf einem Schild als „percurso pedestre" ausgeschildert; er ist im weiteren Verlauf mit gelb-roten Wanderzeichen markiert. *Zu Beginn führt er an moosüberzogenen Mauern durchs Dorf,* gewinnt langsam an Höhe und geht in die ❷ **Calçada de Pena Curveira** über. Dort verläuft er über Granitplatten, über die einst Ochsenkarren holperten, um Maismehl von den höher gelegenen Wassermühlen ins Tal zu transportieren. Achte einmal darauf: Die Abdrücke der Karren haben sich in den Granit eingekerbt. Dreh dich um und genieß den Blick zurück ins Tal!

KURIOS GEHÖRNTE RINDER

❸ **Moinhos da Cruz** heißt das Areal um die alten Wassermühlen: kleine, schon lange verlassene Anlagen,

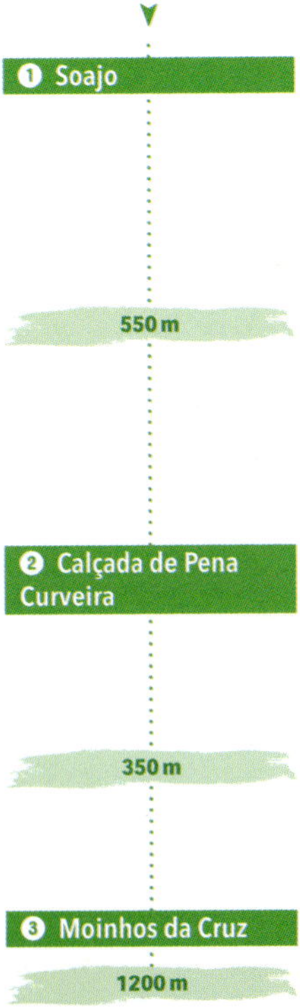

gespeist von einem glasklaren Bachlauf. Viele Familien der Gegend besaßen einst ihre private Mühle. Nimm dir Zeit, um einen Blick auf die alten Mahlsteine zu werfen, *bevor es weiter aufwärts geht.* In ❹ **Branda de Murço** stehen urige, verfallene Steinhäuser auf schmalen Terrassen – was für ein Anblick! *Brandas* heißen die Hochweiden, auf denen die Bauern früher die Sommer verbrachten, Mais anbauten und Vieh hüteten – sozusagen portugiesische Almen. Hier und rundherum werden heute Pferde und die markanten Cachena-Rinder gehalten, leicht erkennbar an ihren riesigen Hörnern.

Hinter Branda de Murço geht es schon bald abwärts. Achte auf einen Linksknick des Wegs zwischen Bruchsteinmauern hindurch: Nun hast du einen abgeschiedeneren, besonders romantischen Teil des Naturparks erreicht. *Der Weg führt abwärts, stellenweise über Stufen und Steinplatten.*

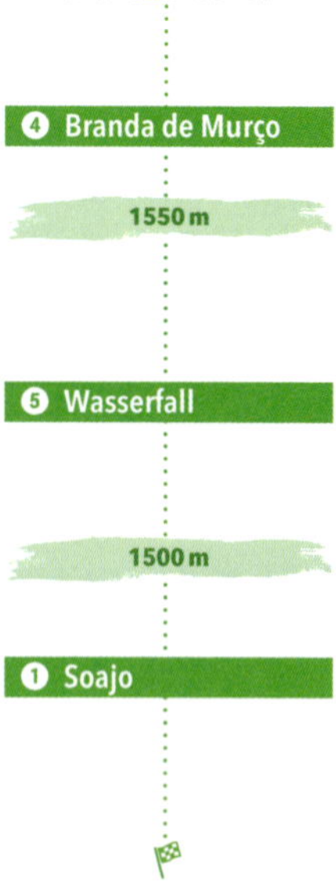

WAS RAUSCHT DENN DA?

INSIDER-TIPP
Päuschen am Wasserfall

Aus dem Tal dringt das Flussrauschen hinauf. Erfrischung gefällig? *Gleich rechts am Weg* stürzt ein kleiner, malerischer ❺ **Wasserfall** in einen Teich. Ab hier verbleiben noch knapp 2 km zurück zum Ausgangspunkt. Du wanderst vorbei an Eukalyptusbäumen, gelegentlich huscht eine Eidechse davon.

HUNGRIG? NICHT MEHR LANGE ...

Zurück am Auto in ❶ **Soajo**, *bringt dich ein kurzes Fahrstück* zum rustikalen Restaurant **Saber ao Borralho** *(Av. 25 de Abril | Tel. 9 33 20 47 18 | €€),* das *ein wenig zurückgesetzt von der Hauptstraße* liegt. Stärke dich hier mit einem der deftigen Fleischgerichte der Region!

❷ ZWEI TAGE IN DER SERRA DA ESTRELA

- Atemraubende Bergpanoramen im höchsten Gebirge Portugals
- Durch die Felslandschaft zum Stausee Vale do Rossim wandern
- Nach Wollpullovern stöbern und Bergkäse kaufen

Start: Belmonte
Ziel: Belmonte
Strecke: ca. 120 km
Dauer: 2 Tage, reine Fahrzeit 3 ½–5 Stunden

Vorsicht auf den kurvigen, stellenweise sehr unübersichtlichen Bergstraßen. Wer im frühen Frühjahr oder späten Herbst kommt, erkundigt sich in Manteigas nach den Straßenverhältnissen; bei Schnee können Teile der oberen Bergstraße gesperrt sein. Die Schafswollfabrik in ❷ **Manteigas** hat samstagnachmittags, das Museum in ❽ **Covilhã** montags geschlossen, für die Führung in der Wollfabrik in ❷ **Manteigas** *(Mo–Sa 11 Uhr)* musst du dich anmelden: *burelfactory.com*

TAG 1

❶ Belmonte

25 km

❷ Manteigas

13 km

Der Blick von der Oberstadt ❶ Belmontes ➤ S. 59 in die Berge stimmt dich so richtig auf die Tour ein. Spar dir eine ausgiebige Erkundung des Festungsstädtchens für das Ende der Tour auf und *fahr zunächst auf der N 232 westwärts hinein in den Naturpark Serra da Estrela.* Im fruchtbaren Flusstal des Zêzere wird reichlich Obstanbau betrieben, die Bergzüge in der Ferne bilden eine schroffe Kulisse.

FÜHRUNG DURCH DIE SCHAFSWOLLFABRIK

Das Tal verengt sich stetig, die Landschaft wird immer malerischer, bis du ❷ Manteigas ➤ S. 60 leuchtend weiß am Hang liegend erkennst. Schafe sind Lieferanten für die Käseproduktion in der Serra – und für Wolle.

INSIDER-TIPP **Wollsachen in hippem Design**

Daraus zaubert man in der Burel Factory *(Amieiras Verdes)* am Rand von Manteigas hochwertige Schals, Decken und Wandteppiche, und zwar in erstaunlich modernen Dekors! In der Schafswollfabrik stehen zum Teil noch historische Maschinen. Die solltest du dir unbedingt im Rahmen einer Führung anschauen.

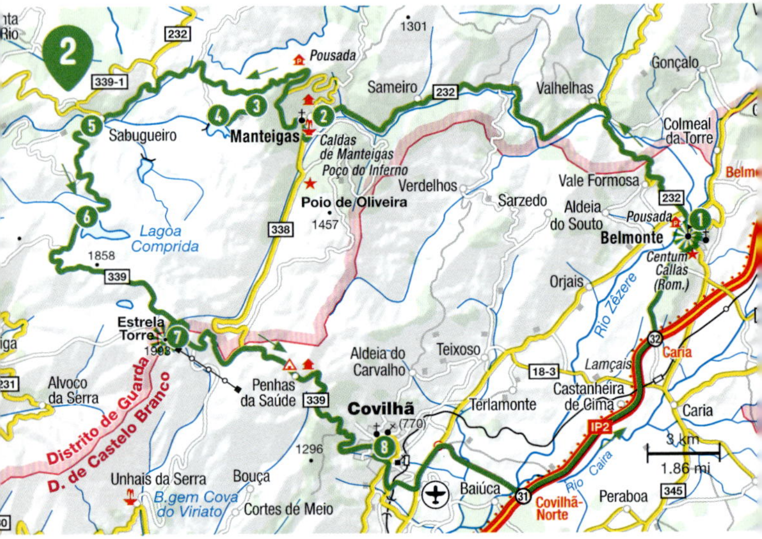

❸ Penhas Douradas

Ab Manteigas windet sich die N 232 Kurve um Kurve durch Kiefernforst nach oben und verlangt einen stabilen Magen sowie vom Fahrer Konzentration. Bäume, Farne und Ginstersträucher ziehen vorüber, es geht nah an Felsen vorbei. Schneeleitpfosten zeugen vom Temperaturabfall im Winter, die Landschaft wird unwirtlicher. *Ein Linksabzweig bringt dich auf rund 1500 m Höhe zum verstreut liegenden Weiler* **❸ Penhas Douradas** *und dort zur* **Casa das Penhas Douradas** *(casadaspenhasdouradas.pt),* einem der schönsten Berghotels in Portugal. Deponier dein Gepäck, lass dir den Plan und eine englischsprachige Kurzbeschreibung für die Rundwanderung „Around Penhas Douradas" geben und pack ein Picknick ein.

3 km

WANDERN UND EIN PICKNICK AM STAUSEE

Ausgangspunkt für die rund 7 km lange Wanderung ist das Hotel, als Richtzeit sind – mit vielen Stopps – vier Stunden durch die herrliche Bergwelt veranschlagt. Mit etwas größeren Kindern durchaus familientauglich, ist sie gleichwohl kein Selbstläufer, man braucht eine gewisse Kondition. Oft treiben heftige Winde die Wolken über die Gipfel der Serra da Estrela. Auf dem letzten

Streckendrittel taucht der Stausee ④ **Barragem de Vale do Rossim** auf – such dir hier ein schönes Plätzchen und lass dir dein Picknick schmecken. Am späten Nachmittag ist Zeit zum Relaxen im Hotel: Es gibt eine Sauna und ein kleines Hallenbad. Auf das exzellente Abendmenü stimmst du dich mit einem Aperitif im gemütlichen Aufenthaltsraum ein.

④ Barragem de Vale do Rossim

BERGFLAIR IN PORTUGALS HÖCHSTEM ORT

TAG 2

Nach dem Frühstück geht es, *diesmal motorisiert, noch einmal zum Stausee* – im Morgenlicht wirkt das Gewässer ganz anders. *Zurück auf der Hauptroute,* führt dich die Höhenstraße durch eine Szenerie aus riesigen Felsblöcken und weiten Buschlandschaften. *Ein Linksabzweig bringt dich abwärts nach* ⑤ **Sabugueiro**. Auf einer Höhe von 1050 m, darf es sich „höchstgelegener Ort Portugals" nennen. Stöber ein wenig in den Läden, die Wollpullover und Bergkäse verkaufen, und leg einen Stopp in der Snackbar **Recantos da Estrela** *(tgl. | Rua das Fontinhas 13 | recantosdaestrela.com)* ein.

13 km

⑤ Sabugueiro

8 km

Aus der Milch der Ziegen und Schafe in der Serra da Estrela entstehen köstliche *queijos da serra*

6 Lagoa Comprida

11 km

7 Torre

20 km

8 Covilhã

26 km

1 Belmonte

KURZ MAL AN DER 2000-M-MARKE KRATZEN

Hinter Sabugueiro passierst du imposante Felskulissen. *Stopp nach 8 km an der Staumauer der* 6 **Lagoa Comprida**, *steig die paar Meter hinauf* und genieß das Seepanorama. Gleich am Parkplatz gibt es winzige Cafés für die kurze Rast. *Weitere 10 km danach führt eine Stichstraße rechts zum* 7 **Torre**, *der 1993 m hohen Gipfelkuppe des Gebirge.* Wenn es nicht gerade nebelverhangen ist, liegt dir hier oben die Serra zu Füßen. Geht ein Eisregen nieder, was selbst im Frühsommer noch möglich ist, kannst du dich im Café wärmen. Im Winter wird am Hang des Torre fleißig gerodelt und sogar Ski gefahren.

SERPENTINE UM SERPENTINE GEHT ES ABWÄRTS

Wieder auf der Hauptroute, überblickst du ein weiteres Staubecken rechts unten im Tal, *ehe dich die N 339 über Penhas da Saúde auf schier unzähligen abwärts führenden Kehren nach* 8 **Covilhã** *bringt.* Vielleicht kommst du gerade recht zur Nachmittagsöffnung des **Museu de Lanifícios** *(Di–So 10–13 und 14.30–18 Uhr | Rua Marquês d'Ávila e Bolama | short.travel/por4),* des Museums der 1764 eröffneten königlichen Textilfabrik – Covilhã wurde nachhaltig von Wollhandel und -produktion geprägt.

Erster Strandstopp bei Tour 3: Figueira da Foz

Die Straße nach 1 **Belmonte** ➤ S. 59 *ist gut ausgebaut.* Zurück am Ausgangspunkt, kannst du dir jetzt die Highlights des Burgdorfs anschauen. Wenn du rechtzeitig vor 17 Uhr zurück bist, ist noch Zeit zum Sturm auf die **Festung**; sonst lohnt auch das **Jüdische Museum** den Besuch. Für die spätere Einkehr zum Abschluss der Tour empfiehlt sich im Ortskern das Restaurant **O Brasão** *(Di geschl. | Largo Afonso Costa 15 | Tel. 965 28 31 79 | obrasao.com | €).*

❸ EINSAME STRÄNDE ZWISCHEN COIMBRA UND AVEIRO

- ➤ Die weniger bekannten Strände der Westküste genießen
- ➤ Durch duftende Dünenwälder fahren
- ➤ Bunte Strandhäuser und ein Museumsschiff besuchen

Coimbra

Aveiro

gut 140 km

2 Tage, reine Fahrzeit 3–4 Stunden

Die Übernachtung in ❼ **Praia de Mira** vorbuchen!
Das Sträßchen im Küstenhinterland Richtung Praia de Mira kann stellenweise nicht in bestem Zustand sein, 2017 gab es hier schwere Waldbrände gab; fahr dort vorsichtig.
Das ❾ **Navio-Museu Santo André** ist montags geschlossen.

TAG 1

❶ Coimbra

26 km

❷ Montemor-o-Velho

22 km

❸ Praia de Buarcos

6 km

Von ❶ **Coimbra** ➤ S. 63 *geht es auf der N 111 Richtung Figueira da Foz* durch sanft gewelltes Hügelgebiet und dörfliche Gegenden mit Gärten voller Zitronen- und Orangenbäumchen. ❷ **Montemor-o-Velho** wird von seiner imposanten **Burg** *(tgl. 9.30–17.30, Sommer 10–18.30 Uhr)* beherrscht. Eine Besonderheit: Du kannst mit einer Rolltreppe in mehreren Etappen hinauffahren! Streif durch die Anlage mit ihren Türmen und zinnenbesetzten Mauern und achte in der Burgkirche auf ein architektonisches Detail, nämlich die ungewöhnlich verdrehten Säulen.

FISCHERORT UND STRANDVERGNÜGEN

Die N 111 bringt dich weiter nach Figueira da Foz ➤ *S. 69*. Der breite Stadtstrand erstreckt sich bis in den nordwestlichen Vorort Buarcos, einen ursprünglichen Fischerort. ❸ **Praia de Buarcos** ist der Name des schmaleren und bei den Einheimischen beliebtesten Abschnitts. *Fahr dorthin* und leg eine Badepause ein. Hunger? *Gleich hinterm Strand* gibts köstliche Gerichte im **Pôr do Sol** *(Mo geschl. | Rua dos Pescadores 60 | Tel. 2 33 43 24 87 | restaurantepordosol.com | €)*.

4 Serra de Boa Viagem

27 km

5 Praia da Tocha

EUKALYPTUSWALD UND DÜNENSTRAND

Nördlich von Cabo Mondego löst sich die N 109-8 von der Küste, steigt auf und führt Richtung Quiaios und Aveiro. Bald gerätst du in einen echten Zauberwald aus Eukalyptus, es duftet ins Fahrzeug hinein. Er blieb bei den Waldbränden 2017 verschont. 4 **Serra de Boa Viagem** heißt dieser kleine, sattgrüne Höhenzug, *wo du an mehreren Kreuzungen weiter den Schildern nach Quiaios und Aveiro folgst. Über Quiaios und Ervedal kommst du auf die N 109, fährst nach links und biegst in Tocha Richtung* 5 **Praia da Tocha** *erneut links ab.* Kiefern und moderne Windkrafträder sind Begleiter an die Küste. Ein Dünenband versperrt zunächst die Sicht, dahinter wenden sich wunderbare Sandweiten ungeschützt der rauen See zu. Kombinier den Strandaufenthalt mit einem kleinen Nachmittagspicknick!

13 km

6 Palheirão

12 km

7 Praia de Mira

Fahr ab Praia da Tocha 2,5 km zurück, bis ein Schild nach links Richtung Praia de Mira weist: ein Straßenstück, das im Küstenhinterland fast schnurgerade durch Wälder und Binnendünen führt. *Ein ausgeschilderter Pistenabstecher bringt dich nach links an den Strand von* 6 **Palheirão** – ideal für alle, die abgeschiedenere Strände suchen!

INSIDER-TIPP
Einsamer Dünenstrand

Ab Palheirão verbleiben *gut 10 km bis zum Tagesziel* 7 **Praia de Mira**. Bezieh Quartier im **Maçarico Beach Hotel** *(macaricobeachhotel.com),* wo du im Restaurant **Bico Real** *(tgl. | €€)* später zu Abend isst. Doch zunächst locken ein Bummel an der Seepromenade und ein kurzes Bad im Meer. Im Panorama-Whirlpool des Hotels kannst du dich, wenn nötig, danach wieder aufwärmen!

TAG 2

23 km

8 Costa Nova

6 km

BUNTE BOOTE UND FARBIGE FASSADEN

Weiter gehts Richtung Norden! Hinter Vagueira rücken die kanalähnlichen Ausläufer der Ria de Aveiro heran. Besonders schön: der Fischerkai von 8 **Costa Nova** mit seinen winzigen, bunten Booten und den farbig gestreiften Häuserfassaden. Meerwärts führen Holzplankenwege durch die Dünen zum Atlantik. Genieß in diesem maritimen Ambiente im **Restaurante Clube de**

Vela *(im Winter Mo geschl. | Tel. 2 34 36 02 50 | €€)* an der Hauptstraße die Fischküche und den Ausblick übers Wasser der Ria.

Leg auf der Zubringerstraße nach Aveiro einen letzten *Abstecher Richtung Handelshafen von Aveiro* ein und statte dem interessanten Museumsschiff ⑨ **Navio-Museu Santo André** *(Di–Sa 10–13 und 14–18, So 14–18 Uhr | museumaritimo.cm-ilhavo.pt)* einen Besuch ab. Drum herum lohnt außerdem ein Streifzug durch die ansprechend gestaltete Ufer- und Grünzone **Jardim Oudinot**. *Ab hier sind es dann nur noch knapp 10 km*

⑨ Navio-Museu Santo André

10 km

⑩ Aveiro

bis ⑩ Aveiro ➤ S. 62, wo du die Tour im Restaurant Salpoente bei einem hervorragenden Abendessen ausklingen lässt.

4 WILDE KÜSTE UND NOBLE PALÄSTE BEI LISSABON

- ➤ Windige Felsenküste und ein riesiger Dünenstrand
- ➤ Romantik pur im märchenhaften Sintra
- ➤ Ein Rokokopalast zum Dahinschmelzen in Queluz

Start: Lissabon
Ziel: Lissabon
Strecke: knapp 120 km
Dauer: 1 Tag, reine Fahrzeit 2 ½ Stunden
Info: Du kannst die Tour auch umdrehen – je nach Jahreszeit hast du dann nachmittags länger Zeit zum Baden und Sonnen.

① Lissabon
33 km
② Boca do Inferno
8 km
③ Guincho
16 km
④ Cabo da Roca
17 km

Verlass ① Lissabon *auf der N6 in westlicher Richtung* über Belém. *Die Avenida Marginal kannst du gar nicht verfehlen: Sie verläuft immer parallel zum Tejo. Die Straße windet sich in vielen Schleifen an der Küste entlang bis in das für seine Gründerzeitvillen bekannte Städtedoppel Estoril und Cascais,* an den Wochenenden Ausflugsziele der Hauptstädter. Fahr zur zur ausgeschilderten ② Boca do Inferno – an der „Höllenschlund" genannten Felsformation gurgeln die Wellen gewaltig!

HIER LÄSST DER OZEAN SEINE MUSKELN SPIELEN

Weiter westwärts wird die Landschaft immer attraktiver. Leg bei ③ Guincho an der Praia da Cresmina einen ersten und an der Praia do Abano einen zweiten Strandstopp ein. Je nach Tag und Jahreszeit geht es mal mehr, mal weniger rau und wild zu, sodass du dich im Zweifel auf ein Fußbad beschränken musst. Surfer jedenfalls werden hier immer glücklich! Die urwüchsige Szenerie stimmt auf das ④ Cabo da Roca ➤ S. 90 ein. Häufig peitschen scharfe Winde über das Kap. Der Atlantik tost in der Tiefe und legt dir eine Salzschicht auf die Haut.

Genieß die herrlichen Blicke über Wellentäler und Mittagsblumenwiesen!

PALASTPRACHT UND GOURMETGENÜSSE

Landeinwärts erreichst du das romantische ❺ **Sintra** ➤ **S. 90**. Der Magen meldet sich? Gönn dir eine Einkehr ins herausragende Restaurant **Incomum by Luis Santos** *(tgl. | Rua Dr. Alfredo Costa 22 | Tel 219243719 | incomumbyluissantos.pt | €€€)*: Einfach göttlich ist das *risotto de frutos do mar!* Erholt und frisch gestärkt, durchschreitest du danach die prunkvollen Säle im Prachtpalast **Palácio Nacional de Sintra**.

INSIDER-TIPP
Meeresfrüchterisotto für Gourmets

Ab Sintra führt die Rückfahrt über die IC 19. Unterwegs lohnt ein Stopp am eleganten ❻ **Palácio Nacional de Queluz** mit seinen Gartenanlagen. Dann kehrst du nach ❶ **Lissabon** ➤ **S. 80** zurück. Ideal als Kontrastprogramm zur königlichen Schlösserpracht: ein Spaziergang am Ufer des Tejo auf dem postmodernen Expogelände von 1998. Dazu gehört auch das **Centro Comercial Vasco da Gama** *(centrovascodagama.pt)* mit seiner Foodmall.

❺ Sintra

17 km

❻ Palácio Nacional de Queluz

16 km

❶ Lissabon

GUT ZU WISSEN

DIE BASICS FÜR DEINEN URLAUB

ANKOMMEN

ANREISE

Am einfachsten, schnellsten und oft auch günstigsten sind die Flugverbindungen. Von vielen mitteleuropäischen Flughäfen werden Lissabon, Faro und Porto angeflogen. Neben TAP Portugal und Lufthansa sind auch Billigfluggesellschaften wie Easyjet und Ryanair unterwegs.

Mit dem Auto oder Wohnmobil kannst du auf dem Weg nach Portugal einen wahren Roadtrip durch Frankreich und Spanien veranstalten – mit ausreichend Zeit durchaus reizvoll! Die Strecke von Köln nach Lissabon beträgt ca. 2200 km, von München nach Faro sind es sogar fast 2600 km. Die Kosten für Sprit und Maut sind allerdings nicht zu unterschätzen.

Alternativ gibt es Fernbusse und mit häufigem Umsteigen auch Zugverbindungen nach Lissabon. Die Fahrkarten sind oft teurer als Flugticktes, die Anreise zieht sich. Ein Europabus *(euro lines.de)* benötigt z. B. für die Strecke Köln–Lissabon 35, die Bahn *(bahn.de)* im besten Fall 38 Stunden.

– 1 Stunde Zeitverschiebung

In Portugal gilt Westeuropäische Zeit: Mitteleuropäische Zeit bzw. Mitteleuropäische Sommerzeit minus eine Stunde.

EINREISE

EU-Bürger und Schweizer benötigen einen Personalausweis oder Reisepass.

KLIMA & REISEZEIT

Im Norden und Nordwesten ist es deutlich frischer und feuchter als im

Kopfsteinpflaster und eine betagte Tram: Das ist unverkennbar die Alfama in Lissabon

Süden. Die Algarve und Lissabon sind als ganzjährige Destinationen geeignet, wobei du auch hier im Winterhalbjahr mal mit kräftigen Schauern rechnen musst. In den Bergen empfiehlt es sich, die kühlen, feuchten Wintermonate zu meiden – es sei denn, du liebst Kälte und Schnee in der Serra da Estrela oder willst hier sogar Ski fahren.

WEITER-KOMMEN

AUTO

Tempolimits: 50 km/h innerorts, auf Landstraßen (wenn nicht anders angegeben) 90 km/h, auf Autobahnen *(autoestradas)* 120 km/h, die Promillegrenze liegt bei 0,5. Privates Abschleppen ist in Portugal verboten – es muss immer ein Abschleppdienst beauftragt werden. Die aktuellen Benzinpreise – mit Verweisen auf die landesweit preiswertesten und teuersten Tankstellen – kann man auf der Website maisgasolina.com abrufen.

INSIDER-TIPP
Tanken für Sparfüchse

Die portugiesischen Autobahnen sind mautpflichtig. Auf einigen gibt es keine Kassierhäuschen, sondern nur eine elektronische Registrierung. Für diese Strecken (oder auch um die „Via-Verde"-Spur an herkömmlichen Mautstellen zu nutzen) benötigt man eine kleine Box, die bei den Autovermietern für einen Zuschlag von ca. 2 Euro pro Tag erhältlich ist. Wer mit dem eigenen Auto unterwegs ist, informiert sich am besten auf der Website *maut-in-portugal.info* über die nicht ganz unkomplizierten Bezahlmöglichkeiten. In den Städten und an vielen Stränden ist Parkraum knapp und es wird

ordentlich abkassiert. Vor allem für Lissabon und Porto gilt deshalb: besser auf das Auto verzichten!
Bei engen Altstadtstraßen oder steilen Strandabfahrten empfiehlt es sich unbedingt, vorher zu parken und ein paar Schritte zu Fuß zu gehen, als stecken zu bleiben und zu fluchen. Im Kreisverkehr sieht die Regel eigentlich vor, dass nur diejenigen, die an der nächsten Ausfahrt abfahren, die rechte Spur nehmen dürfen, alle anderen fahren zunächst auf die linke Spur; dennoch scheren manche Einheimische von der inneren Spur ohne Vorwarnung zum Abbiegen aus. Das Blinken wird auch in Portugal generell gerne vernachlässigt.

MIETWAGEN

An den Flughäfen sowie in größeren Städten und Feriengebieten sind verschiedene Autoverleiher ansässig. Es empfiehlt sich unbedingt eine Reservierung vorab, die nicht nur den gewünschten Termin sichert, sondern auch einen günstigeren Tarif als bei der Suche vor Ort. Die Preise schwanken stark zwischen Haupt- und Nebensaison, gut vergleichen kannst du beispielsweise unter *billiger-mietwagen.de*. Nicht vergessen: die Mautbox zum kleinen Zusatzpreis.

ÖFFENTLICHE VERKEHRSMITTEL

Bus- und Bahnnetz sind zwar relativ gut ausgebaut, aber abgelegenere Orte oder Strände erreicht man mit öffentlichen Verkehrsmitteln nicht oder allenfalls umständlich. Am besten sind die Fernverbindungen Lissabon–Coimbra–Porto (ca. drei Stunden) oder Lissabon–Faro (dreieinhalb Stunden). Infos zum Zugverkehr findest du unter *cp.pt*. Das Fernbusnetz von *Rede Expressos (rede-expressos.pt)* ist gut; die Busbahnhöfe sind mit „Terminal Rodoviário" ausgeschildert.
In Porto und Lissabon bewegt man sich rasch und – dank wiederaufladbarer Chipkarte – preiswert in Metro *(metrodoporto.pt, metrolisboa.pt)*, Straßenbahnen und Stadtbussen *(stcp.pt, carris.pt)* fort. Wenn du mehrere Fahrten planst, lohnt sich oft ein Tagesticket, das für alle Verkehrsmittel gilt. Auch in allen anderen größeren Städten kommt man gut mit den jeweiligen Stadtbussen voran.
Zwischen Lissabon und den Orten am Südufer des Tejos verkehren Fähren *(transtejo.pt)*, ebenso zwischen Setúbal und Tróia *(atlanticferries.pt)*.

TAXI

Taxifahren ist in Portugal preiswerter als in Mitteleuropa; in der Regel wird mit Taxameter gefahren. Fahrer warten an den *praças de taxi* auf Kundschaft. Für die telefonische Bestellung, für Nachtfahrten und für Gepäcktransport werden Zuschläge fällig.

IM URLAUB

AUSKUNFT VOR ORT

Auf dem Portal der Tourismusbehörde gibt es viele hilfreiche Infos: *visitportugal.com*. Eine als *posto de turismo* ausgeschilderte Touristeninformation findet man in allen größeren oder touristisch relevanten Orten. Hier be-

FESTE & EVENTS
RUND UMS JAHR

FEBRUAR

Carnaval (u.a. Torres Vedras, Sesimbra, Loulé): Straßenkarneval

MÄRZ/APRIL

Festival de Chocolate (Óbidos), *festivalchocolate.cm-obidos.pt*

MAI

Indie Lisboa (Lissabon), *indielisboa.com:* internationales Filmfestival von Independentstreifen

Queima das Fitas (Coimbra), *queimadasfitascoimbra.pt:* Studentenfest mit Umzügen und Konzerten

JUNI

Primavera Sound (Porto), *nosprimaverasound.com:* Musikfestival im Parque da Cidade

Festas de Lisboa (Lissabon), *culturanarua.pt:* Stadtfeste rund um den Antoniustag (13. Juni) mit Konzerten, Umzügen und gegrillten Sardinen (Foto)

São João (Porto): Johannisfest zum 23./24. Juni mit Feuerwerk über dem Douro

JULI

Nos Alive (Algés), *nosalive.com:* Musikfestival am Ufer des Tejos bei Lissabon

Festival dos Canais (Aveiro), *festivaldoscanais.pt:* Sport, Musik und Kunst rund um die Kanäle

Festival Músicas do Mundo (Sines/Porto Covo), *fmmsines.pt:* Weltmusikfestival

AUGUST

Festival do Marisco (Olhão): Meeresfrüchtefest mit hochkarätigen Konzerten

Nossa Senhora da Agonia (Viana do Castelo): Paraden mit Großkopfpuppen, Feuerwerk und reichlich Musik

Dias Medievais (Castro Marim), *diasmedievais.cm-castromarim.pt:* Mittelaltertage mit Gauklern, Rittern und Kunsthandwerkern

SEPTEMBER

Festa do Avante (Amora), *festadoavante.pcp.pt:* politisches Kultur- und Musikfestival der Kommunistischen Partei kommst du Kartenmaterial (auch zu Wanderungen) und vielerlei Infos.

EINTRITT & PREISE

Museumseintritte beginnen bei 1 Euro und gehen bis etwa 10 Euro. Der Großteil der in diesem Band beschriebenen Museen und Monumente kostet zwischen 2 und 5 Euro Eintritt. Darüber liegen Highlights wie das Mosteiro dos Jerónimos oder das Kastell São Jorge in Lissabon, die Paläste von Sintra, der Universitätskomplex von Coimbra und der Palácio da Bolsa in Porto (10–15 Euro). Fast überall gibt es Ermäßigungen für Kinder, Studenten (Ausweis!) und Senioren.

Die Preisunterschiede in Hotels können erheblich sein, manchmal kostet ein Zimmer in der Hochsaison mehr als doppelt so viel wie im Winter. Der öffentliche Nahverkehr ist preiswerter als in Mitteleuropa, einige Lebensmittel und Kosmetikartikel (Sonnencreme!) sind in Portugal jedoch teurer. Günstiger als die normalen Supermärkte sind die ziemlich präsenten deutschen Discounter.

WAS KOSTET WIE VIEL?

Kaffee	ab 0,60 Euro *für einen Espresso*
Wein	ab 5 Euro *für 1 l Hauswein im einfachen Restaurant*
Azulejos	ab 5 Euro *für eine bemalte Fliese*
Tagesgericht	ab 7 Euro *im Einheimischen-restaurant*
Busfahrt	20 Euro *für die einfache Fahrt Porto–Lissabon*
Fahrrad	um 15 Euro *Tagesmiete für ein Mountainbike*

FEIERTAGE

1. Jan.	Neujahr
März/April	Karfreitag
25. April	Jahrestag der Revolution von 1974
1. Mai	Tag der Arbeit
Mai/Juni	Fronleichnam
10. Juni	Nationalfeiertag
15. Aug.	Mariä Himmelfahrt
5. Okt.	Tag der Republik
1. Nov.	Allerheiligen
1. Dez.	Tag der Restauration 1640
8. Dez.	Unbefleckte Empfängnis
25. Dez.	Weihnachten

FOTOGRAFIEREN

In manchen Museen und Kirchen sind Aufnahmen ganz verboten, mitunter darf man ohne Blitz fotografieren. Denk bei Bootstouren an einen Plastikschutz für die Kamera!

GELD & KREDITKARTEN

Fast überall gibt es Geldautomaten *(multibanco)*, je nach Heimatbank können Gebühren anfallen. Außerdem gibt es eine Beschränkung auf zweimal 200 Euro/Tag, bei den Automaten von ATM Euronet Worldwide fällt diese jedoch weg. Fast alles lässt sich aber auch mit Kredit- oder EC-Karte bezahlen.

MÄRKTE

In jeder Stadt gibt es einen Markt für Obst, Gemüse, Blumen, Fleisch und

Fisch, den *mercado municipal* mit in der Regel sehr guten und frischen Waren. So manche Markthalle wurde, um ihr Überleben zu sichern, in eine Art Event- und Erlebnisgastronomie-Location umfunktioniert: Hier kannst du nicht nur einkaufen, sondern auch ausgehen. In den Touristeninfos bekommst du Termine zu Flohmärkten und anderen *feiras*.

ÖFFNUNGSZEITEN

In kleineren Geschäften kann man wochentags meist von 9 oder 10 bis 19 oder 20 Uhr einkaufen, zum Teil unterbrochen von einer Mittagspause (meist 13 bis 14 Uhr), und samstags von 9 oder 10 bis 13 Uhr. Die großen Shoppingcenter sind sieben Tage die Woche durchgehend von 10 bis 23 Uhr geöffnet. Alle Supermarktketten öffnen auch sonntags. Museen sind häufig montags, teilweise aber auch sonntags oder dienstags geschlossen. Die großen Monumente haben täglich geöffnet. Viele Restaurants haben einen Ruhetag (gerne sonntags oder montags). In touristischen Gebieten variieren die Öffnungszeiten generell stark zwischen der Neben- und der Hauptsaison.

POST

Postämter sind ebenso rot wie die Briefkästen. Sie heißen *CTT* oder *Correios* und sind meist Mo–Fr von 9 bis 18 Uhr geöffnet, Hauptpostämter auch am Samstagvormittag. Briefmarken *(selos)* gibts auch im Automaten. Brief und Postkarte brauchen innerhalb der EU vier bis sechs Tage. Filialsuche und Postgebühren unter *ctt.pt*.

STRÄNDE

Der Atlantik kann seine Tücken haben, die Anweisungen und Flaggen (grün = alles super, gelb = Achtung, rot = das Wasser ist tabu) der Rettungsschwimmer haben ihren Sinn und sollten unbedingt beachtet werden. Die Blaue Flagge zeichnet Strände mit besonders guter Wasserqualität aus. Warntafeln zu bröckeligen Klippen sind ernst zu nehmen – es gibt wirklich immer wieder fatale Abbrüche. Beachte auch den Tidenhub: Der Unterschied zwischen Hoch- und Niedrigwasser kann je nach Mondphase fast 3 m ausmachen. Eine Gezeitentabelle findet man u. a. auf *hidrografico.pt/m.mare*. Wie die Wellen sind oder ob es an einem Strand gerade sonnig oder voll ist, kannst du dir per Webcam anschauen: *beachcam.meo.pt*. FKK ist nur an offiziell ausgewiesenen *praias naturistas* gestattet, oben ohne wird an vielen Stränden und Pools toleriert.

TELEFON, HANDY & WLAN

Bei Auslandsgesprächen wählt man 00, dann die Landesvorwahl (Deutschland 49, Österreich 43, Schweiz 41), die Ortsvorwahl ohne Null und die Teilnehmernummer. Die Vorwahl nach Portugal ist 00351, innerhalb des Lands gibt es keine Vorwahlen. Handynummern beginnen mit 9, Festnetznummern mit 2. WLAN gibt es in jedem Hotel und in den meisten Restaurants und Cafés, falls du dein mobiles Datenvolumen nicht ausreizen willst.

TOILETTEN

In Strandbars und vielen älteren WCs vertragen die dünnen Rohre kein Pa-

Autobahn und eine Etage tiefer die Bahn: Ponte 25 de Abril über den Tejo in Lissabon

pier. Das gehört dann stattdessen in den bereitstehenden Abfalleimer.

TRINKGELD

Im Restaurant sind fünf bis zehn Prozent üblich, wenn du zufrieden mit dem Service warst. Münzen lässt du am Ende einfach auf dem Tisch liegen. Im Hotel freuen sich Zimmermädchen und Gepäckträger über ein kleines Trinkgeld.

TRINKWASSER

Das Leitungswasser ist überall trinkbar, schmeckt aber in den Städten und in Küstennähe häufig nach Chlor. In dem Fall kauft man besser Trinkwasser in 5-l-Kanistern im Supermarkt.

UNTERKUNFT

Die Palette reicht von Campingplätzen über Jugendherbergen *(pousadasjuventude.pt)* und Hostels über Pensionen *(residencial, pensão)* bis zu absoluten Luxushotels. Generell ist es im Landesinneren günstiger als an der Küste. Zudem findest du im Hinterland auch wahre Schätze: historische Burgen oder Klöster, die jetzt eine edle *pousada (pousadas.pt)* beherbergen, naturverbundene Glampinganlagen, Weingüter mit Gästezimmern oder lauschige Berghotels. In den Großstädten greift das Vermieten von Privatapartments immer mehr um sich, ganze Viertel verwandeln sich zunehmend in Ferienunterkünfte. Wenn du nachhaltig urlauben willst, wäre ein Hotel oder Hostel sicherlich die fairere Variante.

ZOLL

Waren zum persönlichen Gebrauch können innerhalb der EU zollfrei ein- und ausgeführt werden. Richtwerte hierfür sind z. B. 800 Zigaretten und 10 l Spirituosen. Mehr Infos auf *zoll.de*.

NOTFÄLLE

DIPLOMATISCHE VERTRETUNGEN

– *Deutsche Botschaft Lissabon (Campo dos Mártires da Pátria 38 | Tel. 218 81 02 10 | lissabon.diplo.de)*. Es gibt außerdem ein Honorarkonsulat in Porto.
– *Österreichische Botschaft Lissabon (Av. Infante Santo 43 | Tel. 213 94 39 00 | bmeia.gv.at)*. Es gibt außerdem Honorarkonsulate in Albufeira und Porto.
– *Schweizer Botschaft Lissabon (Travessa do Jardim 17 | Tel. 213 94 40 90 | eda.admin.ch)*

GESUNDHEIT

Mit der Europäischen Versicherungskarte (EHIC) deiner Krankenkasse kannst du dich an die Notaufnahmen *(urgências)* der örtlichen Gesundheitszentren *(centros de saúde)* oder eines staatlichen Krankenhauses *(hospital)* wenden. Schneller behandelt wirst du in den (teuren!) Privatkliniken oder bei Privatärzten. Eine Liste deutschsprachiger Ärzte findet man auf der Website der Botschaft. Den Arztbericht und die Rechnung zum Einreichen bei deiner Auslandskrankenversicherung aufbewahren! Apotheken heißen *farmácias;* für Antibiotika brauchst du ein Rezept, viele andere Medikamente gibts frei.

NOTRUF

Polizei, Feuerwehr, Krankenwagen: *112*

SICHERHEIT

In Lissabons Bussen und Straßenbahnen (vor allem in der immer prall gefüllten E28!) warnen Schilder nicht umsonst vor Taschendieben. Immer dort, wo es Gedränge gibt, solltest du besonders aufpassen, speziell auf Märkten sowie bei größeren Volksfesten. Sollte es doch passiert sein, melde den Verlust bei der nächstgelegenen PSP *(Polícia de Segurança Pública)* oder GNR *(Guarda Nacional Republicana).*

Ein wenig Vorsicht ist auch beim Herumklettern auf Stadtmauern und Burgen angebracht: Die Mäuerchen gehen oft nur bis zum Knie und auch an den Steilküsten wünscht man sich an manchen Klippen ein höheres Geländer.

WETTER IN LISSABON

	JAN.	FEB.	MÄRZ	APRIL	MAI	JUNI	JULI	AUG.	SEPT.	OKT.	NOV.	DEZ.
Tagestemperaturen	14°	15°	17°	20°	21°	25°	27°	28°	26°	22°	17°	15°
Nachttemperaturen	8°	8°	10°	12°	13°	15°	17°	17°	17°	14°	11°	9°
Sonnenschein Stunden/Tag	5	6	6	9	10	11	12	11	9	8	6	5
Niederschlag Tage/Monat	11	8	11	7	7	2	1	1	4	7	9	11
Wassertemperatur in °C	14	14	14	15	16	17	18	19	19	18	16	15

Sonnenschein Stunden/Tag · Niederschlag Tage/Monat · Wassertemperatur in °C

SPICKZETTEL PORTUGIESISCH

SMALLTALK

ja/nein/vielleicht	sim/não/talvez	ßiing/nau/tal'wesch
bitte	se faz favor	ß fasch fa'wor
danke	obrigado (m)/obrigada (f)	obri'gadu/obri'gada
Gute(n) Morgen!/Tag!/ Abend!/Nacht!	Bom dia!/Bom dia!/Boa tarde!/Boa noite!	bong 'dia/bong 'dia/'boa 'tard/'boa 'noit
Hallo!/Tschüss!	Olá!/Ciāo!	o'la/tschau
Ich heiße …	Chamo-me …	'schamu-me
Wie heißt du?/Wie heißen Sie?	Como te chamas?/Como se chama?	'komu te 'schamas/ 'komu se 'schama
Ich komme aus …	Sou de …	souh dö
Entschuldige!/ Entschuldigen Sie!	Desculpa!/Desculpe!	disch'kulpa/disch'kulp
Wie bitte?	Como?	'komu
Das gefällt mir (nicht).	(Não) Gosto disto.	(nau) 'goschtu 'dischtu
gut/schlecht	bem/mal	bäi/mal

ZEIGEBILDER

ESSEN & TRINKEN

Die Speisekarte, bitte.	A ementa, se faz favor.	ah ih'menta, ß fasch fa'wor
Flasche/Glas	garrafa/copo	gar'raffa/'koppu
Salz/Pfeffer/Zucker	sal/pimenta/açúcar	ßall/pi'menta/a'ßuhkar
Essig/Öl	vinagre/azeite	wi'nahgre/a'säite
Messer/Gabel/Löffel	faca/garfo/colher	'faka/'garfu/kul'jer
Milch/Sahne/Zitrone	leite/nata/limão	'läite/'nahta/li'mau
mit/ohne Eis/ Kohlensäure	com/sem gelo/gás	kong/ßäing 'schelu/ gasch
Vegetarier(in)/Allergie	vegetariano, -a/alergia	weschetari'anu, -a/ aller'schia
Rechnung	conta	konta
Ich möchte zahlen, bitte.	A conta, se faz favor.	ah 'konta, ß fasch fa'wor
bar/Kreditkarte	em dinheiro/com cartão de crédito	äi din'jäiro/kong kar'tau dö 'krehditu

NÜTZLICHES

Wo ist ...?/Wo sind ...?	Onde é ...?/Onde são ...?	'onde eh/'onde ßau
Wie viel Uhr ist es?	Que horas são?	keh 'orasch ßau
Es ist drei Uhr.	São três horas.	ßau tres 'orasch
heute/morgen/gestern	hoje/amanhã/ontem	'osche/amman'ja/'ontäim
Wie viel kostet ...?	Quanto custa ...?	'kuantu 'kuschta
Wo finde ich einen Internetzugang?	Onde há acesso à internet?	onde ah a'ßeßu ah 'internet
Hilfe!/Achtung!	Socorro!/Atenção!	ßu'korru/atten'ßau
Fieber/Schmerzen	febre/dores	'fehbre/'dohresch
Apotheke/Drogerie	farmácia/drogaria	far'mahßia/droga'ria
Verbot/verboten	interdição/proibido	interdi'ßau/prui'bidu
kaputt/funktioniert nicht	estragado/não funciona	ischtra'gadu/nau fung'ziona
Panne/Werkstatt	avaria/garagem	awa'riah/ga'rahschäing
Fahrplan/Fahrschein	horário/bilhete	o'rahriju/bil'jet
0/1/2/3/4/5/6/7/8/9/ 10/100/1000	zero/um, uma/dois, duas/ três/quatro/cinco/seis/ sete/oito/nove/dez/ cem/mil	'säru/'ung, 'uma/'doisch, 'duasch/tresch/'kuatru/ 'ßinku/'ßäisch/'ßät/'oitu/ 'noww/'däsch/'ßäi/mil

URLAUBS FEELING

ZUM EINSTIMMEN & AUSKLINGEN

LESESTOFF & FILMFUTTER

KORKESEL UND SARDINENBLÜTE
Zur Vermeidung von Fettnäpfchen und zum besseren Verstehen der Portugiesen hat Christina Zacker 2015 mit einem Augenzwinkern dieses kurzweilige Handbuch geschrieben.

LOST IN FUSETA
Unterschätze nie einen Asperger-Autisten! Der Hamburger Kommissar Leander Lost landet bei der Policia Judiciária in Faro. Fünf Mordfälle hat der von Gil Ribeiro erfundene Kriminalist mit Inselbegabung an der Algarve bereits gelöst.

PORTO
Das Liebesdrama von Gabe Klinger (2016) erzählt die Geschichte zwei gegensätzlicher Fremder, die sich nach einer Zufallsbegegnung in Porto nicht mehr vergessen können.

NACHTZUG NACH LISSABON
Bille August verfilmte 2013 den gleichnamigen Roman von Pascal Mercier: Ein Gymnasiallehrer aus Bern, verkörpert von Jeremy Irons, wirft alles hin und reist in die portugiesische Hauptstadt, wo er in jeder Hinsicht eine andere Sicht auf die Dinge bekommt.

PLAYLIST QUERBEET

0:58

II AMÁLIA RODRIGUES – UMA CASA PORTUGUESA
Eines der berühmtesten Lieder der Königin des Fados.

▶ XUTOS & PONTAPÉS – MINHA CASINHA
Die berühmteste Rockband des Landes!

▶ JOSÉ AFONSO – GRÂNDOLA, VILA MORENA
Das während der Diktatur verbotene Lied wurde zum Startsignal der Nelkenrevolution 1974.

▶ QUIM BARREIROS – A GARAGEM DA VIZINHA
Kein Volksfest ohne *música pimba,* die portugiesische Variante des Schlagers mit anzüglichen Texten.

▶ THE GIFT – FÁCIL DE ENTENDER
Die raue Stimme der Sängerin Sónia Tavares ist eine feste Größe in der portugiesischen Pop- und Rockmusik.

Den Soundtrack zum Urlaub gibt's auf **Spotify** unter **MARCO POLO Portugal**

Oder Code mit Spotify-App scannen

AB INS NETZ

WALK-N-ROLL-TOURS.COM/BLOG
Die Lissabonner Stadtführer Melina, Pedro und Sara – Letztere übrigens die Autorin dieses MARCO POLO Reiseführers – füttern ihren Blog mit Infos über ihre Stadt und die interessanten Ziele ihrer abwechslungsreichen Führungen.

LEBEN-IN-PORTUGAL.WIKI
Du überlegst, nach Portugal auszuwandern? Oder willst einfach ein bisschen mehr über den portugiesischen Alltag erfahren? Hier werden alle Infos zusammengetragen.

VIRALAGENDA.COM
Auf dieser ständig aktualisierten Website siehst du eine Übersicht aller Konzerte und Veranstaltungen.

FOGOS.PT
In heißen Sommern ist es hilfreich zu wissen, wo es gerade Waldbrände gibt und wie ihr Status ist (auch als App).

SOLAGASTA.COM
Dank einer privaten Initiative findest du auf dieser Website (auch englischsprachig verfügbare) Beschreibungen zu vielen Wanderwegen in Portugal.

TRAVEL PURSUIT

DAS MARCO POLO URLAUBSQUIZ

Weißt du, wie Portugal tickt? Teste hier dein Wissen über die kleinen Geheimnisse und Eigenheiten von Land und Leuten. Die Lösungen findest du in der Fußzeile. Und ganz ausführlich auf den S. 18–23.

❶ Was bedeutet das Wort Azulejo (arabisch al-zulij)?

a) Blaue Fliese
b) Kleiner Stein
c) Glänzende Kachel

❷ Welche Bedeutung hat Eukalyptus für Portugal?

a) Rohstoff für die Papierwirtschaft
b) Habitat für mehrere Schmetterlingsarten
c) Rohstoff für die Pharmaindustrie

❸ Woran starb Fernando Pessoa 1935?

a) Er wurde von einem Nebenbuhler ermordet
b) An Tuberkulose
c) An Leberzirrhose

❹ Wie nennen viele portugiesische Ehemänner ihre Frauen?

a) A minha Maria
b) A minha Amália
c) A minha Fátima

❺ Auf welchem Untergrund wachsen die Trauben für den Portwein?

a) Lehmboden
b) Schiefer
c) Vulkangestein

❻ Warum gibt es kaum noch Spuren der Mauren in Portugal?

a) Weil die Phönizier Baumaterialien brauchten
b) Weil die Römer Feuer legten
c) Weil die Christen vieles abrissen und überbauten

Lösungen: 1b, 2a, 3c, 4a, 5b, 6c, 7c, 8a, 9b, 10c, 11c, 12c

Mal statt nach Postern, DVDs oder CDs nach Azulejos blättern: Das ist Portugal

❼ Was siehst du auf Kirchen und Hochspannungsmasten in Südportugal?

a) Kreuze
b) Fahnen
c) Weißstörche

❽ Wofür stehen die Zahlen auf dem Stamm vieler Korkeichen?

a) Für die Endziffer des Jahrs der letzten Ernte. Bei einer 8 (also 2018) darf erst 2027 wieder geerntet werden
b) Für die Endziffern des Jahrs, in dem der Baum im 20. Jh. gepflanzt wurde (38 = 1938)
c) Für den Eigentümer des Baums

❾ Was ist Manuelinik?

a) Eine Schnitztechnik der portugiesischen Frührenaissance
b) Eine typisch portugiesische Dekorationstechnik der Spätgotik
c) Eine an der Algarve vorherrschende Maltechnik der Romanik

❿ Warum heißt der *vinho verde* „grüner Wein"?

a) Er ist biozertifiziert
b) Ihm dürfen bis zu fünf Prozent Waldmeisterauszüge zugesetzt werden
c) Er wächst im grünen Nordportugal und wird sehr jung gelesen

⓫ Woraus wird der typisch algarvische *medronho*-Schnaps gebrannt?

a) Aus Süßkirschen
b) Aus Feigen
c) Aus den Früchten des Erdbeerbaums

⓬ Was ist *saudade?*

a) Der wohl berühmteste aller Fados (Amália Rodrigues, 1964)
b) Das Gütesiegel für mindestens zwölf Jahre alte Portweine
c) Ein typisch portugiesisches Gefühl aus Wehmut und Sehnsucht

REGISTER

LOB ODER KRITIK? WIR FREUEN UNS AUF DEINE NACHRICHT!

Trotz gründlicher Recherche schleichen sich manchmal Fehler ein. Wir hoffen, du hast Verständnis, dass der Verlag dafür keine Haftung übernehmen kann.

MARCO POLO Redaktion • MAIRDUMONT • Postfach 31 51
73751 Ostfildern • info@marcopolo.de

Impressum
Titelbild: Igreja do Carmo in Porto (Look/age fotostock)
Fotos: DuMont Bildarchiv: M. Gumm (6/7, 12/13, 20, 27, 80/81, 85, 88, 124/125, 136/137, 148/149), S. Lubenow (32/33, 112, 123, 146/147), Widmann (11, 73); huber-images: A. Bartuccio (2/3), L. Debelkova (14/15, 46, 51), O. Fantuz (68), P. Giocoso (142), Gräfenhain (108/109), M. Howard (Klappe vorne außen, Klappe vorne innen, 1, 9, 75), Ripani (139), T. White (45), Zoner Photo Studio 17 (77); Laif: G. Knechtel (30/31), Osang (34), D. Schwelle (26/27); Laif/hemis.fr (130); Laif/Le Figaro Magazine: Martin (78); Laif/Polaris: A. Pona (31), A. Tannenbaum (59); Laif/Redux: D. David Bathgate (35); S. Lier (151); mauritius images: L. Avers (22), D. Delimont (62), M. Howard (106/107, 116/117), iconotec (60/61), J. Warburton-Lee (129); mauritius images/age fotostock (99); mauritius images/Alamy: (24/25, 54/55, 64, 92, 94/95, 102, 119), J. Buiviene (Klappe hinten), G. Cristóvão (90/91), K. Foy (52), GFC (38/39), Purely Portugal (10), F. Robba (49), M. Rodrigues (120), RosalreneBetancourt 3 (67), K. Sriskandan (28), StockPhotosArt - Industrial/Elias (105); mauritius images/Imagebroker: M. Moxter (8), J. Pigozne (70/71), J. Wackenhut (114/115); mauritius images/robertharding (101); mauritius images/Travel Collection: G. Lengler (23); mauritius images/White Star: M. Gumm (19)

19., aktualisierte Auflage 2023

Autoren: Andreas Drouve, Sara Lier; Redaktion: Nikolai Michaelis; Bildredaktion: Anja Schlatterer
Kartografie: © MAIRDUMONT, Ostfildern (S. 36/37, 126, 128, 133, 135, Umschlag außen, Faltkarte); © MAIRDUMONT, Ostfildern, unter Verwendung von Kartendaten von OpenStreetMap, Lizenz CC-BY-SA 2.0 (S. 40/41, 43, 56/57, 65, 82/83, 86/87, 96/97, 110/111). Als touristischer Verlag stellen wir bei den Karten nur den De-facto-Stand dar. Dieser kann von der völkerrechtlichen Lage abweichen und ist völlig wertungsfrei.
Gestaltung Cover, Umschlag und Faltkartencover: bilekjaeger_Kreativagentur mit Zukunftswerkstatt, Stuttgart
Gestaltung Innenlayout: Langenstein Communication GmbH, Ludwigsburg
Spickzettel: in Zusammenarbeit mit PONS Langenscheidt GmbH, Stuttgart
Texte hintere Umschlagklappe: Lucia Rojas
Konzept Coverlines: Jutta Metzler, bessere-texte.de

Printed in China

FSC www.fsc.org MIX Papier aus verantwortungsvollen Quellen FSC® C124385

MARCO POLO AUTORIN
SARA LIER
Immer wieder scheucht die Studienreiseleiterin ihre Gäste durch die kopfsteingepflasterten Gässchen der portugiesischen Städte, über wilde Küstenpfade und durch die verlassenen Bergregionen des Hinterlands. Sie liebt ihre Wahlheimat Lissabon genauso wie alle anderen Ecken des Landes und sie wird nicht müde, sich an dem vielen Meer zu erfreuen – in das sie bei jeder Gelegenheit springt.

BLOSS NICHT!

FETTNÄPFCHEN UND REINFÄLLE VERMEIDEN

DIE WALDBRANDGEFAHR UNTERSCHÄTZEN

In den trockenen Sommern kannst du gar nicht vorsichtig genug sein – die Waldbrandgefahr, vor allem in den Eukalyptushainen, ist enorm. Da kann schon eine weggeschnippte Zigarette zur Katastrophe führen.

ÜBERGEWICHTIGE FISCHE BESTELLEN

Fisch und Meeresfrüchte stehen auf der Speisekarte meist mit dem Kilopreis. Das kann bei der Rechnung zu Schnappatmung führen. Lass dir den Fisch unbedingt vorher wiegen, so gibts keine Überraschungen.

VORDRÄNGELN

Du wartest auf den Bus und wunderst dich, warum alle in Reih und Glied an der Bushaltestelle stehen? Selbst wenn keine Schlange zu erkennen ist: Man weiß immer genau, wer zuerst da war und in welcher Reihenfolge man folglich einzusteigen hat – da sind die Portugiesen gründlich! Also aufgepasst und bloß nicht einfach zur Tür marschieren!

AUF KLIPPEN RUMKRAXELN

Die Warnschilder stehen nicht zur Zierde auf den bröckeligen Felsküsten am Atlantik und an den Stränden darunter – da geht nämlich wirklich öfter mal was ab. Wenn du klettern willst, findest du in Portugal auch stabile Kletterwände.

SICH IM GASSENGEWIRR FESTFAHREN

So manche Altstadt wurde gebaut, als an Autos noch nicht zu denken war. Entsprechend schmal ist manch ein Gässchen und wenn dann noch ein Anwohner irgendwo geparkt hat, ist es zu spät zum Wenden. Park lieber außerhalb!